Steigenberger Das Kochbuch

Christine Steigenberger

Mike Meyer-Ditandy

Inhalt

Inhalt

Inhalt

Die Rezepte sind für vier Personen berechnet worden. Rezeptur und Anrichteweise wurden so konzipiert, dass sie für jeden Hobbykoch umsetzbar sind. Die Getränkeempfehlungen sind in Zusammenarbeit mit der Firma Vox Hospitalitatis (www.voxhos.de), Horst Georg Wende, Oestrich-Winkel, entstanden.

Vorwort

Gutes Essen ist nicht einfach gutes Essen. Es ist vielmehr ein Erlebnis, das alle Sinne anspricht, das inspiriert und uns in immer neue Welten führt. Ein Genuss, den man am besten mit Freunden und der Familie teilt. Außergewöhnliche Restaurants und Freude an allen Köstlichkeiten aus Küche und Keller gehören seit der Gründung der Steigenberger Hotels 1930 durch Albert Steigenberger zu den Grundfesten unserer Hotels. Die verschiedenen Restaurants spielen eine wesentliche Rolle in unseren Häusern, sollen sie doch den Gast mit außergewöhnlichen Tafelfreuden verwöhnen. Dabei müssen Ambiente und Service ebenso harmonieren wie die Speisenkomposition und die Auswahl der Weine.

In diesem Jahr feiert die Steigenberger Hotelgesellschaft ihr 75. Jubiläum. Grund genug, das kulinarische Können der Steigenberger Küchen, die Qualität, das gastronomische Wissen und die Innovationen in einem ungewöhnlichen Kochbuch vorzustellen. Das Ergebnis halten Sie in der Hand. 34 Küchenchefs unserer Hotels in Deutschland, Österreich, der Schweiz, den Niederlanden und Ägypten haben daran mitgewirkt und uns ihre Lieblingsrezepte verraten. Und auch wir haben mit großem Vergnügen unsere Lieblingsrezepte beigesteuert. Entstanden ist ein feines Kulinarium, in dem Internationales auf Regionales trifft, Bodenständiges auf Exotisches, Innovatives auf Traditionelles.

Zeit seines Lebens war es Egon Steigenbergers größter Wunsch, mit seinen Steigenberger Top-Köchen ein Kochbuch herauszubringen. Wie gern hätte er an diesem Buch mitgewirkt! Er verfügte über eine beeindruckende Kochbuchsammlung, die er überall auf der Welt zusammengetragen hatte und stetig erweiterte. Wir haben deshalb seinen Wunsch in unserem Jubiläumsjahr realisiert.

Mit unserem Steigenberger Kochbuch möchten wir Sie in die Welt der Steigenberger Philosophie und Gastronomie über Essen und Trinken entführen.

Anne-Marie Steigenberger *Bettina Steigenberger*

Christine Steigenberger *Claudia Steigenberger*

Anne-Marie Steigenberger

Gefüllte Zucchini

Involtini mit grünem Spargel in Steinpilzjus

Sachsenhäuser **Apfelauflauf**

Zutaten

Involtini

20 g getrocknete Steinpilze

300 g grüner Spargel

4 dünne Scheiben Rouladenfleisch vom Kalb (aus der Oberschale geschnitten)

Salz, Pfeffer

2 El körniger Senf

4 große Scheiben luftgetrockneter Schinken

4 Schalotten, fein gewürfelt

2 El Öl zum Anbraten

1 El Tomatenmark

150 ml Roséwein

500 ml Rinderfond (s. Glossar)

1 El Speisestärke

2 El Portwein

1 El kalte Butter

Zubereitung Vorspeise

Gefüllte Zucchini

4 kleine Zucchini (ca. 400 g), 80 g Champignons, gewürfelt, 80 g Lauch, gewürfelt, 80 g Knollensellerie, gewürfelt, 100 g Karotten, gewürfelt, 20 g Butter, 120 g gekochter Schinken, 1 Tl Salz, Pfeffer aus der Mühle, 2 El Petersilie, gehackt, 2 El Olivenöl

Die Zucchini waschen, der Länge nach halbieren, das Fleisch und die Kerne mit einem kleinen Löffel herausschaben. Champignons, Lauch, Sellerie und Karotten putzen und waschen, sehr fein würfeln und in der Butter andünsten. Den Schinken würfeln, zum Gemüse geben und mitschwitzen. Den Backofen auf ca. 180 °C vorheizen. Das Gemüse salzen, etwas pfeffern und bei schwacher Hitze weiter dünsten, bis es fast gar ist (immer wieder testen). Die Petersilie untermischen und die Gemüsefüllung in die Zucchinihälften füllen. Eine ofenfeste Form mit etwas Olivenöl ausstreichen, die Zucchini hineinsetzen und mit dem restlichen Öl beträufeln. Die Zucchini im heißen Ofen etwa 10 Min. backen.

Zubereitung Hauptspeise

Involtini mit Spargel in Steinpilzjus

Die Steinpilze etwa 15 Min. in etwas lauwarmem Wasser einweichen. Den Spargel putzen, im unteren Drittel schälen und die Enden abschneiden. Die Stangen quer halbieren. Die Fleischscheiben von beiden Seiten mit Salz und Pfeffer würzen und ausbreiten. Die Scheiben mit Senf bestreichen, mit Schinken und einigen Spargelstücken belegen, aufrollen und die Enden mit Holzspießchen befestigen. Das Öl in einer Pfanne erhitzen und die Rouladen darin rundum braun anbraten, dann aus der Pfanne nehmen. Die Schalottenwürfel hineingeben und anbräunen. Das Tomatenmark einrühren und ebenfalls braun anrösten.
Mit etwas Wein ablöschen und den Sud einkochen. Diesen Vorgang noch zweimal wiederholen, bis die Sauce eine braune Farbe angenommen hat und der Wein verbraucht ist. Den Rinderfond angießen, aufkochen lassen und die Rouladen hineinlegen. Die Steinpilze dazugeben. Die Rouladen zugedeckt bei schwacher Hitze in 45 bis 50 Min. gar schmoren. Die fertigen Rouladen aus der Sauce nehmen und warm stellen. Die Stärke mit dem Portwein verrühren und in die Sauce rühren. Die Sauce noch etwa 5 Min. bei schwacher Hitze köcheln lassen, dann mit Salz und Pfeffer abschmecken. Kurz vor dem Servieren die kalte Butter in Stücken einrühren (nicht mehr kochen lassen, da die Sauce sonst gerinnt).

Steigenberger Weinempfehlung

2000 Graf Adelmann,
Brüssele Lemberger,
Württemberg, Deutschland

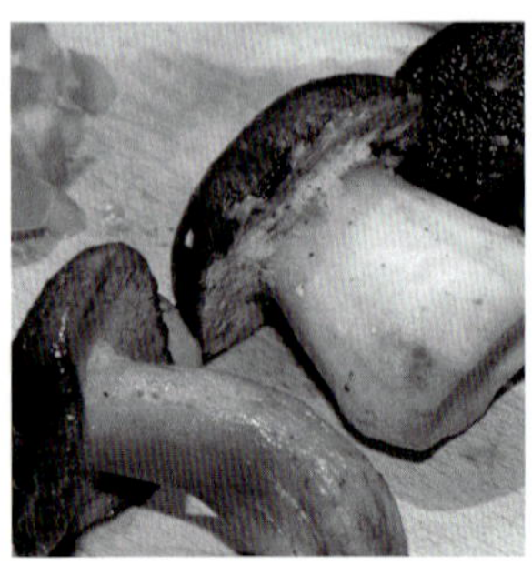

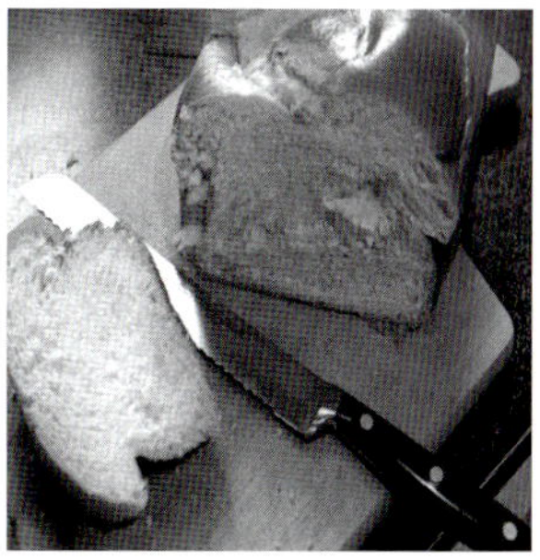

Sachsenhäuser Apfelauflauf

50 g Butter zum Einfetten, 2 El Zucker zum Ausstreuen, 4 säuerliche Äpfel, geschält, in feine Scheiben geschnitten, 80 g Sultaninen, 2 El Rum, 300 g Brioche, 250 ml Milch, 250 ml Sahne, 6 Eier, 70 g Zucker, 2 Vanilleschoten, Puderzucker

Zubereitung Dessert

Eine große, feuerfeste Form mit Butter einfetten und mit Zucker ausstreuen. Die Sultaninen in einem Sieb unter heißem Wasser waschen, sehr gut trockenreiben und mit dem Rum unter die Äpfel mischen. Die Brioche in etwa 1 cm dicke Scheiben schneiden. Mit der Hälfte davon die Form auslegen, die Apfel-Sultaninen-Mischung darauf verteilen und mit den übrigen Brioche-Scheiben abschließen. Milch, Sahne, Eier und Zucker gründlich verschlagen, durch ein Sieb passieren und das ausgeschabte Vanillemark darunter rühren. Die Masse über die Brioche-Scheiben in die Form gießen, diese auf die untere Schiene des Backofens stellen und bei 220 °C ca. 15 Min. backen. Nach 15 Min. die Temperatur auf 170 °C herunterschalten und weitere 25 Min. backen.
Den Apfelauflauf mit Puderzucker bestäuben und warm servieren.

Bettina
Steigenberger

Lasagne von gebeiztem Lachs
auf Kartoffelplätzchen

Rotbarbe
auf Lauchrisotto mit Lauchstroh und Tomatensauce

Wiener Himbeeromelette

Zutaten

Rotbarbe

4 Rotbarbenfilets, je etwa 70 g

Salz, weißer Pfeffer aus der Mühle

Zitronensaft

1 El Öl

etwas Butter

Risotto

2 El Schalotten, fein gewürfelt

2 El Olivenöl

200 g Rundkornreis (Vialone oder Avorio)

Salz, weißer Pfeffer aus der Mühle

1 Knoblauchzehe, geschält

2 Thymianzweige

12,5 cl Weißwein, trocken

500 ml heißer Geflügelfond (s. Glossar)

1 Lauchpaste (s. Glossar)

Lauchstroh

1/2 Stange Lauch (Porree), nur die zartgrünen Teile

Öl zum Frittieren, Salz

Tomatensauce

1 l Tomatenfond (s. Glossar)

20-30 g kalte Butter

Kartoffelplätzchen

1 möglichst große fest kochende Kartoffel, Öl zum Frittieren, Salz

Die Kartoffel schälen und der Länge nach in hauchdünne Scheiben schneiden. Für 15 Min. in lauwarmes Wasser legen, dann auf einem Tuch oder in einer kleinen Salatschleuder vollkommen abtrocknen. In 175 bis 180 °C heißem Öl goldgelb frittieren, auf Küchenpapier abfetten lassen und ganz leicht salzen.

Füllung

2 Bund Rucola, 2–3 El Balsamico-Dressing (s. Glossar), 150 g gebeizter Lachs in dünnen Scheiben, Schnittlauch-Sauce (s. Glossar)

Den Rucola putzen, waschen, von groben Stängeln befreien, gut trocknen, schleudern und in Balsamico-Dressing kurz marinieren. Jeweils drei bis vier Kartoffelplätzchen abwechselnd mit Lachs und Rucola wie eine Lasagne aufschichten und Lachs und Rucola dabei mit etwas Schnittlauch-Sauce überziehen. Auf vier Tellern anrichten, mit Kartoffelplätzchen bedecken und rasch servieren.

Zubereitung Vorspeise

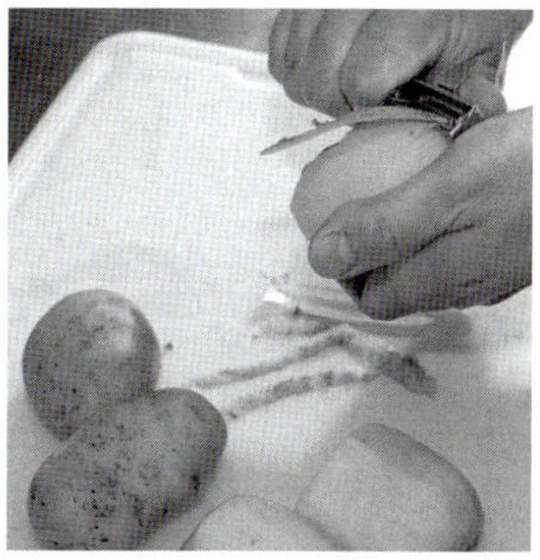

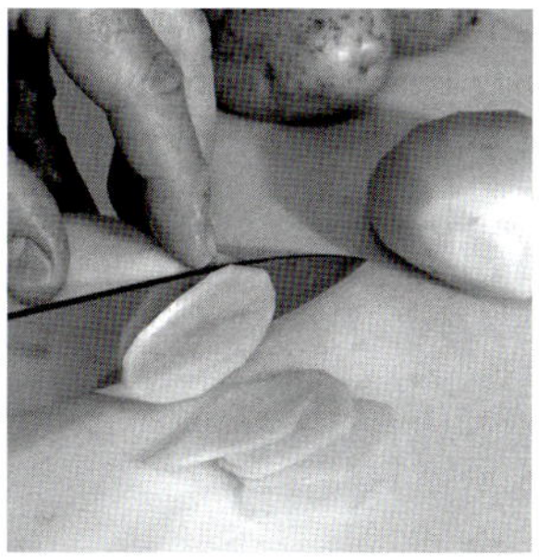

Zubereitung Hauptspeise

Rotbarbe und Risotto

Für das Risotto die Schalotten im Olivenöl unter Rühren andünsten bis sie glasig sind, dann den Reis hineinstreuen und unter weiterem Rühren ebenfalls glasig werden lassen. Dabei mit Salz, Pfeffer, der Knoblauchzehe und den Thymianzweigen würzen. Anschließend mit Wein ablöschen und einkochen lassen. Den Reis häufig rühren und nach und nach immer wieder etwas heißen Geflügelfond angießen, bis die Flüssigkeit verkocht ist. Das Risotto möglichst viel rühren, damit der Reis nicht ansetzt. Erst zum Schluss löffelweise die Lauchpaste darunter mischen. Während das Risotto gart, für die Tomatensauce den Tomatenfond (s. Glossar) zur Hälfte einkochen lassen. Erst ganz kurz vor dem Anrichten die eiskalte Butter in Flöckchen einrühren, um den Fond etwas zu binden. Die Rotbarben kurz unter kaltem Wasser abbrausen, sehr gut trockentupfen und mit Salz, Pfeffer und Zitronensaft würzen. Öl in einer Pfanne erhitzen, die Rotbarben mit der Hautseite nach unten hineinlegen und mit einigen Butterflöckchen belegen. Die Filets kurz scharf anbraten, dann im auf 220 °C Oberhitze vorgeheizten Ofen in 2 bis 3 Min. garen.

Lauchstroh

Für das Lauchstroh den Lauch in hauchdünne Streifen schneiden und im 180 °C heißen Öl 20 bis 30 Sek. lang frittieren; der Lauch soll dann kross, aber noch grün sein. Sofort herausnehmen, auf Küchenpapier abfetten lassen und leicht salzen.

Steigenberger Weinempfehlung

1995 Spätburgunder Rosé Sekt halbtrocken, Sektkellerei von Canal, Winningen, Deutschland

Wiener Himbeeromelette

200 g Quark (20 % Fett), 3 Eigelb, abgeriebene Schale von 1 Zitrone, 4 Eiweiß, 150 g Zucker, 300 g Himbeeren, Butter zum Backen, 2 El Sahne, Puderzucker zum Bestäuben

Den Quark durch ein Sieb in eine Schüssel streichen, dann das Eigelb dazugeben und gründlich unterrühren. Die Zitronenschale untermischen. Das Eiweiß mit 70 g Zucker mit dem Handrührgerät zu einer Creme schlagen. Den Eischnee mit einem Schneebesen vorsichtig unter die Quarkmasse heben. Den Backofen auf 220 °C vorheizen. 150 g Himbeeren in einer Glasschüssel mit dem restlichen Zucker vermischen. Die übrigen Himbeeren mit dem Mixstab pürieren und anschließend durch ein Sieb passieren. Zwei ofenfeste beschichtete Pfannen von etwa 18 cm Durchmesser mit etwas Butter erhitzen. Mit einer Schöpfkelle je ein Viertel der Omelettemasse in den Pfannen verteilen und glatt streichen. Die Omeletts bei mittlerer Hitze etwa 2 Min. leicht anziehen lassen, dann für weitere 8 Min. in den Backofen (Mitte) stellen. Dabei verdoppelt sich das Volumen. Die beiden Omelettes herausnehmen. Die Himbeeren mit einem Löffel darüberstreuen und die Omelettes zur Hälfte zusammenklappen.

Zubereitung Dessert

Christine Steigenberger

Erbsen-Minz-Suppe
mit bretonischem Hummer

Entenschlegel
auf Linsen

Lauwarmer
Ziegenkäse
mit frittiertem Rucola
und Trüffelhonig

Zutaten

Entenschlegel

- 150 g Puy-Linsen
- 2 Schalotten, gehackt
- 2 Knoblauchzehen, gehackt
- Olivenöl
- 2 Tl Tomatenmark
- 4 cl Portwein
- 500 ml Kalbsfond
- 500 ml Gemüsefond
- 2 Möhren, klein gewürfelt
- Rosmarin, Thymian
- Pfeffer, Salz
- 4 Entenschlegel
- 2–4 Scheiben geräucherter Speck, gewürfelt
- 10 ml Aceto Balsamico
- 2 Tl kalte Butter
- 1 Bund Petersilie, gehackt
- 2 Tomaten, gewürfelt

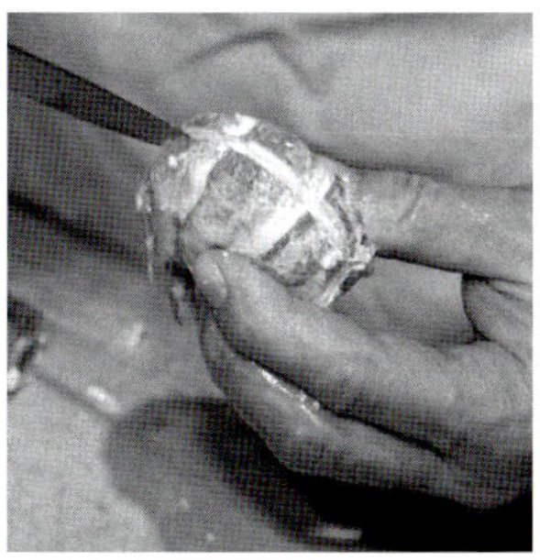

Zubereitung Vorspeise

Erbsen-Minz-Suppe

500 g Erbsen, 500 g Zuckerschoten, klein geschnitten, 5 Schalotten, 1 Knoblauchzehe, 50 g Puderzucker, 1 l Gemüsefond, 750 ml süße Sahne, Butter, Olivenöl, 3 Zweige Minze, 1 bretonischer Hummer, Gemüsebrühe

Schalotten und Knoblauch schälen und in Butter und Olivenöl anschwitzen. Erbsen und Zuckerschoten dazugeben, mit Puderzucker bestäuben und anschwitzen. Einige Erbsen und Zuckerschoten beiseite legen. Mit Gemüsefond ablöschen und Minze dazugeben. 10 Min. kochen lassen und danach durch ein Sieb pürieren. Den Hummer in heißer Gemüsebrühe 10 Min. garen. Herausnehmen und aufbrechen. Sahne schlagen.
In tiefen Tellern übrige Erbsen und Zuckerschoten anrichten, mit Erbsensuppe auffüllen, einen Klecks Sahne darübergeben, Hummerstücke darauflegen und servieren.

Zubereitung Hauptspeise

Entenschlegel auf Linsen

Die Linsen im Salzwasser blanchieren. Schalotten, Speckwürfel und Knoblauch in Olivenöl anschwitzen. Das Tomatenmark dazugeben und anrösten. Die abgetropften Linsen hinzufügen und mit Portwein ablöschen. Fonds dazugeben. Möhren, Thymian und Rosmarin dazugeben und ziehen lassen, bis die Linsen al dente sind. Dann mit Salz und Pfeffer würzen, mit Aceto Balsamico abschmecken und die kalte Butter zugeben. Entenschlegel mit Knoblauch, Rosmarin und Thymian in Olivenöl scharf anbraten. Dann im Ofen ca. 30 Min. bei 180 °C weitergaren. Linsen auf Teller geben, Entenschlegel aufsetzen und mit Petersilie und Tomatenstücken garnieren.

Steigenberger Weinempfehlung

2001 Bricco del' Uccellone,
Barbera d'Asti, Giacomo Bologna, Braida,
Rocchetta Tanaro, Italien

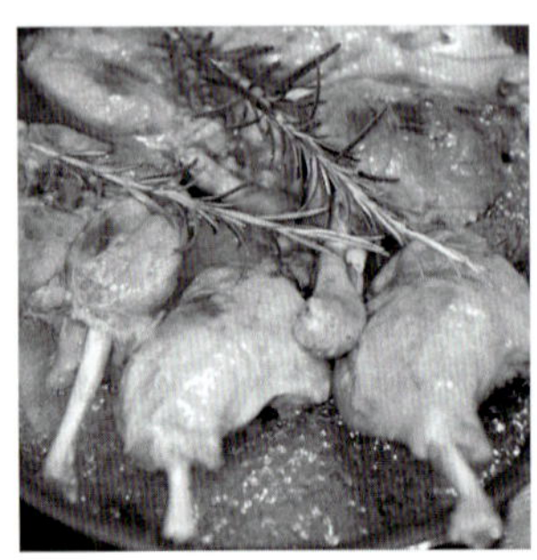

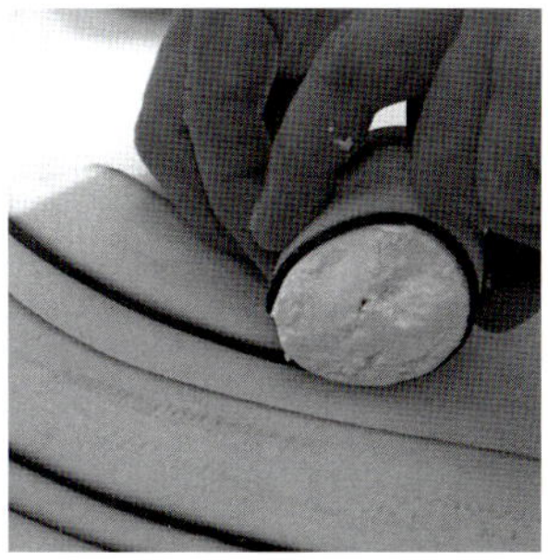

Lauwarmer Ziegenkäse

4 kleine Ziegenkäse, rund, 1 Bund Rucola, 1 Zucchini, 4 Zahnstocher, Trüffelhonig, Olivenöl

Zucchini längs in sehr dünne Streifen schneiden. Den Ziegenkäse damit einwickeln und mit den Zahnstochern fixieren. Rucola in heißem Öl leicht frittieren und mit einem Küchenkrepp entfetten. Den Ziegenkäse kurz in Olivenöl in einer Pfanne anbraten, dann 10 Min. im Backofen bei 180 °C backen. Den Ziegenkäse auf den Teller legen und Trüffelhonig als Haube auf den Ziegenkäse geben.

Zubereitung Dessert

Claudia Steigenberger

Solo für
Spargel

Gebackenes Zicklein
auf lauwarmem Kartoffelsalat

Panna cotta
mit Erdbeeren
in Balsamico-Karamell

Zutaten

Zicklein

- 1 küchenfertiges Zicklein ohne Innereien
- 2 Zwiebeln, gewürfelt
- 2 Karotten, gewürfelt
- 1–2 Stangen Staudensellerie, geputzt und grob zerschnitten
- 2–3 El Öl
- 1 Knoblauchzehe
- 1 Thymianzweig
- 1 Lorbeerblatt
- 5–6 weiße Pfefferkörner
- 2 Wacholderbeeren
- Salz, weißer Pfeffer aus der Mühle
- 10 cl Noilly Prat
- 10 cl Weißwein, trocken
- heißes Wasser zum Auffüllen
- Zitronenstücke, Zitronensaft
- Mehl zum Wenden
- Semmelbrösel zum Wenden
- 2 Eier
- 2 El Sahne, geschlagen
- Öl zum Frittieren

Kartoffelsalat

- 600 g Kartoffeln, festkochend
- 2 Schalotten, gewürfelt
- 2 Tl scharfer Senf
- 2–3 El Weinessig
- 200 ml kräftige Rinderbrühe
- Salz, weißer Pfeffer aus der Mühle
- 4–5 El Öl
- 1 Bund Brunnenkresse

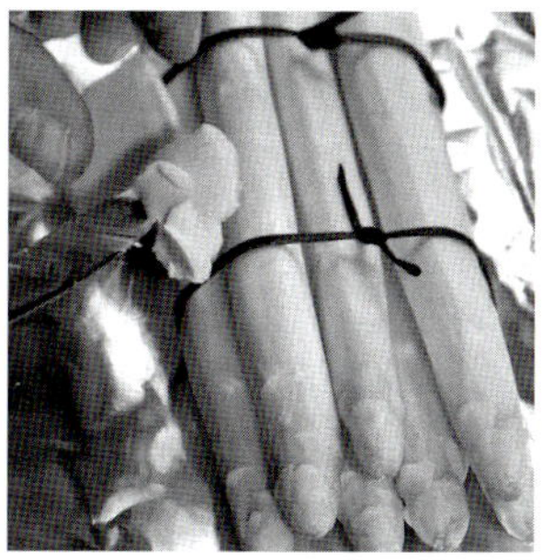

Zubereitung Vorspeise

Spargel

20 Stangen Spargel, geschält, 1 Bund Schnittlauch, 1 Rosmarinzweig, 1 Thymianzweig, 50 g Butter, 1 Schuss Weißwein, Zucker, Salz, Pfeffer, Alufolie

Den Spargel mit dem Schnittlauch zu einem Bündel schnüren. Alufolie auslegen. Butter, Rosmarin, Thymian und Spargel auf die Folie legen. Salzen, pfeffern und einen Schuss Weißwein dazugeben. Den Zucker darüber streuen. Alles in Alufolie einpacken und im Ofen bei 180 °C ca. 20 Minuten garen. Mit der Alufolie auf dem Teller servieren, damit beim Öffnen das volle Spargelaroma zu genießen ist.

Zubereitung Hauptspeise

Zicklein auf Kartoffelsalat

Das Zicklein samt den Knochen in kleine Stücke teilen, kurz unter kaltem Wasser abbrausen, um sie von Knochenresten zu befreien. Gut trockentupfen und leicht salzen.

Das vorbereitete Gemüse im heißen Öl leicht glasig werden lassen und mit Knoblauch, Thymian, dem Lorbeerblatt, Pfefferkörnern, Wacholderbeeren, Salz und Pfeffer würzen. Mit Noilly Prat und Weißwein ablöschen. Die Zickleinstücke hineinlegen und so viel heißes Wasser angießen, dass alles gut bedeckt ist. Aufkochen und bei sanfter Hitze etwa 1 Std. leicht köcheln lassen, bis das Fleisch weich ist. Im Fond erkalten lassen. In der Zwischenzeit die Kartoffeln aufsetzen. Den Senf mit Essig, Rinderbrühe, Salz, Pfeffer, Schalotten und Öl gut verrühren. Die noch warmen Kartoffeln in Scheiben schneiden und in die Marinade geben. Die Kartoffeln abkühlen und durchziehen lassen.

Die Brunnenkresse verlesen, waschen und von den Stielen befreien. Erst vor dem Servieren locker unter den Kartoffelsalat mischen.

Steigenberger Weinempfehlung 2004 Münsterer Pittersberg, Silberkapsel, Kruger-Rumpf, Münster-Sarmsheim, Deutschland

Die Zickleinstücke aus dem Fond nehmen und abtupfen. Dann mit Zitronenstücken und Zitronensaft einreiben und mit Salz und Pfeffer würzen. Mehl und Semmelbrösel in zwei tiefe Teller geben, die Eier in einem dritten Teller gut verschlagen und die Sahne darunterheben. Die Zickleinstücke zuerst in Mehl, dann in der Eiersahne und zum Schluss in den Bröseln wenden. Diese Panade leicht andrücken und die Zickleinstücke in der Fritteuse rundum goldgelb backen. Auf Küchenpapier gut abfetten lassen und mit dem lauwarmen Kartoffelsalat anrichten.

Panna cotta

750 ml Schlagsahne, 1 Orange, 1 Zitrone, 150 g Zucker, 2 Vanilleschoten, 1/3 Zimtstange, 1/4 Sternanis, 4 Blätter Gelatine, Grand Marnier, Amaretto

Die Sahne in einen Topf füllen. Orange und Zitrone auspressen und dazugeben. Den Zucker dazugeben und ohne zu verrühren erwärmen, damit der Zucker nicht anbrennt. Vanilleschoten halbieren, auskratzen und mit der Zimtstange und dem Sternanis in die Sahne geben. Kurz aufkochen. Die Gelatine in kaltem Wasser einweichen. Sternanis und Zimtstange aus der Sahne nehmen. Gelatine, Grand Manier, Amaretto und Sahne mit einem Mixer aufschlagen. Alles in kleine Förmchen füllen und kalt stellen.

Aceto Balsamico-Sauce

**300 g Erdbeeren,
200 g Zucker, 30 g Butter,
750 ml Orangensaft,
4 El alter Aceto Balsamico**

Den Zucker und die Butter in einer Pfanne anschwitzen, bis blondes Karamell entsteht. Mit Orangensaft ablöschen. Weiter köcheln lassen, bis sich das Karamell im Orangensaft aufgelöst hat. Den Aceto Balsamico dazugeben und weiter köcheln, bis Sirup entsteht. Die Erdbeeren vierteln und in den abgekühlten Sirup legen. Die Panna cotta auf Teller stürzen und mit Erdbeeren verzieren.

Zubereitung Dessert

Vorspeisen

Das Steigenberger Drei Mohren, im Herzen der Fuggerstadt Augsburg gelegen, ist ein traditionsreiches 106-Zimmer-Haus, das Luxus und modernen Komfort auf elegante Weise miteinander verbindet. Seit 1723 ist das vom Königlichen Hofbaumeister Gunetzrhainer erbaute Hotel an Augsburgs Prachtboulevard über die Grenzen Europas hinaus bekannt. Das charmante Restaurant Maximilian's trägt den Namen der Prachtstraße, an der das Steigenberger Drei Mohren liegt. Der Tradition verpflichtet, wird hier klassisch-leichte Küche geboten.

Tomatensuppe mit Seeteufel

und gebackenem Basilikum

Zutaten

200 g Seeteufel

1 Bund Basilikum

750 ml Fischfond (s. Glossar)

8 Cocktailtomaten

400 g Tomaten, ohne Haut und Kerne, grob gewürfelt

1 Knoblauchzehe, gewürfelt

5 Schalotten, gewürfelt

200 g Butter

Saft von 1 Zitrone

Salz und Pfeffer

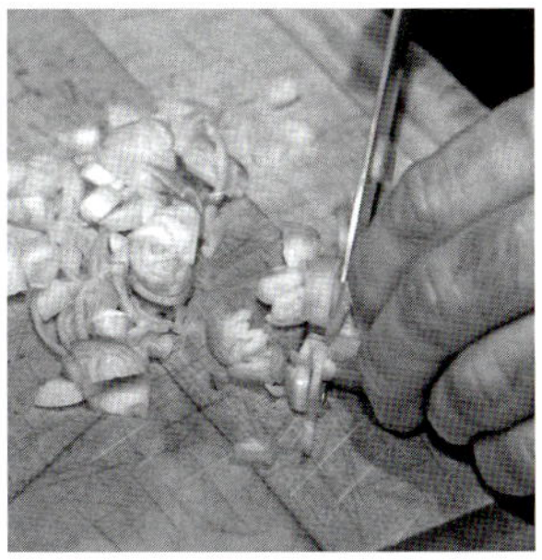

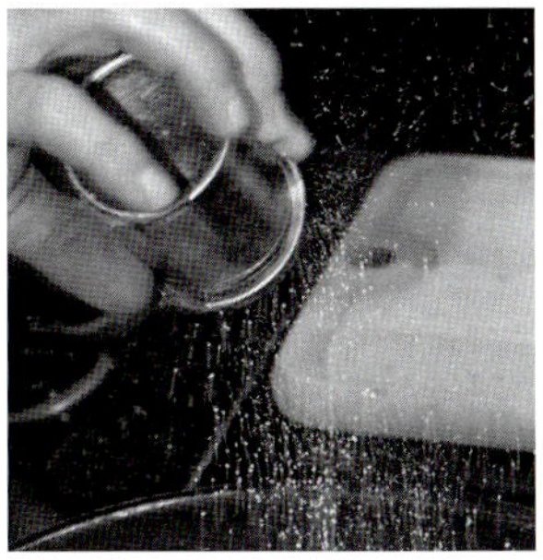

Zubereitung

Die Schalottenwürfel, die Knoblauchzehe und die Tomatenwürfel anschwitzen und reduzieren lassen, danach in den Mixer geben und mit der Butter mischen.

Das Seeteufelfilet in 12 Würfel schneiden, leicht mit Salz, Pfeffer und Zitronensaft würzen, kurz in Butter braten und warm stellen. Die Cocktailtomaten halbieren und mit dem Fisch und etwas Basilikum aufspießen.

Basilikumblätter von den Stielen trennen und kurz in heißem Fett backen. Jetzt den Fischfond mit der Tomatenbutter binden, in einen Suppenteller geben und dann den Seeteufel und das Basilikum als Einlage hinzugeben.

Steigenberger Weinempfehlung

2002 Riesling Sekt Extra Brut, Sektkellerei
von Canal, Winningen, Mosel, Deutschland

Inmitten der Pfälzer Weinberge, direkt vor den Toren Deidesheims liegt das seit 1994 zur Steigenberger Gruppe gehörende Ferienhotel. Mit 124 Zimmern ist es in Einrichtung und Ausstattung ganz im anglo-amerikanischen Stil der 30er bis 50er Jahre gehalten. Warme kräftige Farben, Möbel von robuster Art, grob gewebte Stoffe aus Naturfasern, der obligatorische Deckenventilator und die Wurlitzer-Juke-Box an der Bar unterstreichen das lässig-elegante Flair des Hauses.

Pfälzer Mozartkugeln

auf Rahmsauerkraut und getrüffeltem Kartoffelpüree

Zutaten

Mozartkugeln

150 g Blutwurst, ohne Pelle, gewürfelt

3 Schalotten

1 El Majoran, frisch geschnitten

2 Eigelb

1 Ei

30 g Butter

300 g Kartoffeln

2 El Mehl

Salz, Pfeffer, Muskat

Rahmsauerkraut

40 g Zwiebelwürfel

20 g Schweineschmalz

250 g Sauerkraut, eingelegt und mariniert

1 Lorbeerblatt

2 Wacholderbeeren

1 Nelke

Salz und Pfeffer

3 El trockener Riesling

60 ml Sahne, geschlagen

Zucker, Majoran

Getrüffeltes Kartoffelpüree

300 g Kartoffeln

50 ml Sahne

50 ml Milch

20 g Butter

Salz, Pfeffer, Muskat

1 Tl Trüffelöl (erhältlich in jedem gut sortierten Lebensmittelgeschäft)

Pfälzer Mozartkugeln

Schalotten in 20 g Butter anschwitzen, die Blutwurst mit anbraten. Mit Majoran würzen und vom Herd nehmen. 10 g Butter und das Eigelb untermengen. Die Masse gut auskühlen lassen. Wenn die Masse beginnt fest zu werden, 12 kleine Kugeln formen. Die gekochten Kartoffeln mit einer Kartoffelpresse durchpassieren, mit Mehl, Ei, Salz, Pfeffer und Muskat zu einem glatten Knödelteig verarbeiten. Die Blutwurstkugeln in den Kartoffelteig einrollen und in Salzwasser 20 Min. ziehen lassen.

Rahmsauerkraut

Zwiebelwürfel im Schweineschmalz blass dünsten. Das mit kaltem Wasser abgewaschene Sauerkraut dazugeben und mit dem Weißwein ablöschen. Mit Salz, Pfeffer, Wacholderbeeren, Nelken und einer Prise Zucker abschmecken. 20 Min. leicht köcheln lassen. Zum Schluss die Wacholderbeeren und das Lorbeerblatt entfernen und die geschlagene Sahne unterheben.

Zubereitung

Getrüffeltes Kartoffelpüree

Sahne, Milch und Butter in einem Topf erwärmen. Die Kartoffeln in Salzwasser ca. 18 Min. kochen, abschütten und durch eine Kartoffelpresse drücken. Die erwärmte Milch/Sahne nach und nach in die Kartoffelmasse geben, mit einem Schneebesen gut verrühren und zum Schluss mit Salz, Pfeffer, Muskat und Trüffelöl abschmecken.

Steigenberger Weinempfehlung 2003 Forster Ungeheuer, Riesling Spätlese trocken, Reichsrat von Buhl, Deidesheim, Deutschland

Im Frühjahr 2006 eröffnet im Zentrum von Dresden das Steigenberger Hotel de Saxe. Vis-à-vis der Frauenkirche direkt am Neumarkt entsteht derzeit dieses 185-Zimmer-Hotel, das als Vier-Sterne-Superior-Haus sowohl Business-Reisende als auch Städtetouristen anspricht. An der Stelle, an der von 1786 bis 1888 das ursprüngliche Hotel de Saxe als eines der besten Häuser der Sachsenmetropole stand, wird nun 117 Jahre später nach historischem Vorbild das Steigenberger Hotel de Saxe erbaut. Eine Atmosphäre zum Wohlfühlen und Ausspannen werden die 178 Zimmer und sieben Suiten bieten. Sportlich Aktive kommen im hoteleigenen Fitnessbereich mit Sauna, Dampfbad, Solarium und Erlebnisduschen auf ihre Kosten.

Entenburger

mit rotem Apfelmus

Zutaten

4 Scheiben rohe Entenleber à 60–70 g

Mehl, Pfeffer, Salz, Olivenöl, Butter

4 Äpfel, süßsauer, nicht mehlig

40 g Butter

etwas Puderzucker

100 ml roter Portwein

200 ml Rotwein

4 Schalotten und Knoblauch, klein gehackt

1 St. Ingwer, frisch

Zimt

Pfeffer, Salz, Cayennepfeffer

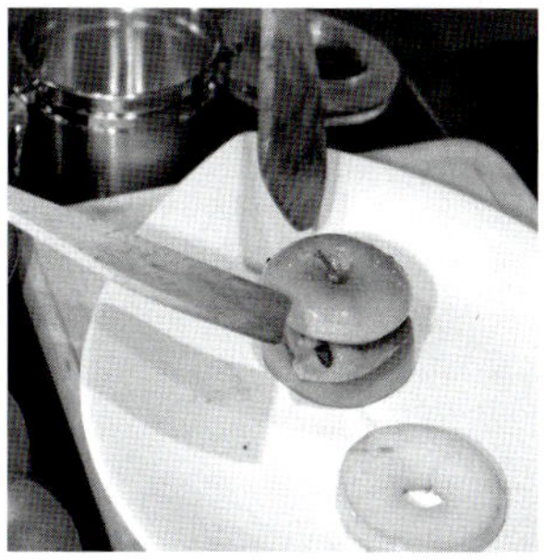

Zubereitung

Die Äpfel mit einem Ausstecher vom Kerngehäuse befreien und in drei gleich große Scheiben schneiden. Beim unteren Teil den Boden abschneiden, damit der Apfel Stand bekommt. Die Deckel und die unteren Scheiben sollten nicht dicker als 2 cm sein. Den restlichen Apfel beiseite legen.

Die Deckel und die Apfelscheiben in einer Butter-Öl-Mischung anschwitzen, mit Puderzucker bestreuen und leicht karamellisieren. Die Leberscheiben würzen und dünn mehlieren. In einer Grillpfanne scharf anbraten, wenden und auf niedriger Temperatur leicht ziehen lassen.

Die Apfelreste pürieren. Die klein gehackten Schalotten und den Knoblauch in einer Butter-Öl-Mischung anschwitzen, mit Portwein ablöschen und einkochen lassen. Mit Rotwein ablöschen und erneut einkochen lassen. Das Apfelmus dazugeben, mit den Gewürzen abschmecken. Auf die untere Apfelscheibe die gegrillte Leber legen und den Deckel aufsetzen. Mit etwas Apfelmus garnieren.

Steigenberger Weinempfehlung 2004 Winniger Röttgen, Riesling Spätlese halbtrocken, Freiherr von Heddesdorff, Winningen, Deutschland

Der Steigenberger Duisburger Hof pflegt seit 1927 Hotelkultur besonderer Qualität: Neben den weiträumigen, eleganten Tagungsräumen und geschmackvoll eingerichteten Zimmern erwarten den Gast eine exzellente Küche und ein erlesener Weinkeller. Direkt gegenüber der Deutschen Oper am Rhein gelegen, ist das Hotel idealer Ausgangspunkt, um das moderne Ruhrgebiet kennen zu lernen und ein bedeutendes Stück Struktur- und Kulturwandel zu erleben.

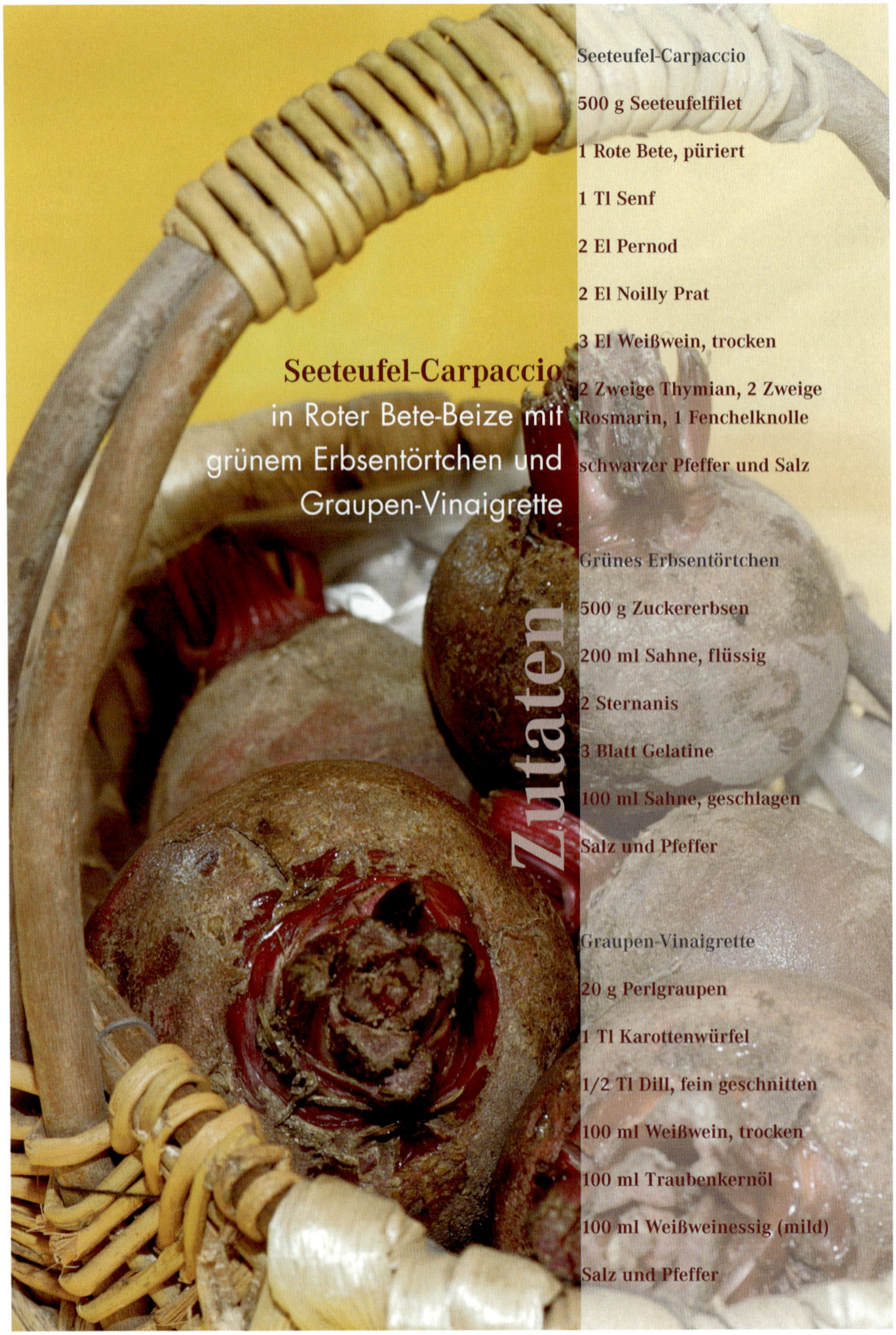

Seeteufel-Carpaccio

in Roter Bete-Beize mit grünem Erbsentörtchen und Graupen-Vinaigrette

Zutaten

Seeteufel-Carpaccio

500 g Seeteufelfilet
1 Rote Bete, püriert
1 Tl Senf
2 El Pernod
2 El Noilly Prat
3 El Weißwein, trocken
2 Zweige Thymian, 2 Zweige Rosmarin, 1 Fenchelknolle
schwarzer Pfeffer und Salz

Grünes Erbsentörtchen

500 g Zuckererbsen
200 ml Sahne, flüssig
2 Sternanis
3 Blatt Gelatine
100 ml Sahne, geschlagen
Salz und Pfeffer

Graupen-Vinaigrette

20 g Perlgraupen
1 Tl Karottenwürfel
1/2 Tl Dill, fein geschnitten
100 ml Weißwein, trocken
100 ml Traubenkernöl
100 ml Weißweinessig (mild)
Salz und Pfeffer

Seeteufel-Carpaccio in Roter Bete-Beize

Die Zutaten zu einer Beize vermengen. Anschließend den Fisch mit Salz und Pfeffer würzen, in der Beize wenden und kurz einziehen lassen. Danach den Fisch in Klarsichtfolie einwickeln und 6 Std. einfrieren, so kann er dünn auf der Aufschnittmaschine geschnitten werden.

Zubereitung

Grünes Erbsentörtchen

Die Zuckererbsen mit Sahne und Anis weich kochen, pürieren und anschließend durch ein Sieb streichen. Die Gelatine einweichen, zerlassen, danach mit der Erbsenmasse vermengen und anschließend würzen. Die geschlagene Sahne unterziehen und in vier Förmchen füllen.

Graupen-Vinaigrette

Alle Zutaten zu einer Vinaigrette verrühren.

Steigenberger Weinempfehlung 2004 Weißer Burgunder, Silberkapsel, Kruger-Rumpf, Münster-Sarmsheim, Nahe, Deutschland

Das Flair internationaler Grandhotellerie begrüßt den Gast im Steigenberger Frankfurter Hof in Frankfurt am Main. Auf weit über 100 Jahre Hotelhistorie blickt das mitten im Zentrum der Banken- und Börsenmetropole gelegene Luxushotel zurück. Tradition, die verpflichtet und die von Reisenden aus aller Welt geschätzt wird. 332 elegante Zimmer und Suiten, 18 Tagungsräume für bis zu 450 Personen sowie ein moderner Spa-Bereich bieten das luxuriöse Ambiente für höchste Ansprüche. Attraktiv ist auch die Gastronomie: Mit dem Gourmetrestaurant Français, dem japanischen Spezialitätenrestaurant Iroha, dem Bistro Oscar's und dem Hofgartenrestaurant werden alle lukullischen Wünsche erfüllt.

Frankfurter grüne Soße
im Glas mit Crostini und Rindertatar

Zutaten

Grüne Soße

400 g Crème fraîche

1 Portion Kräuter für Frankfurter grüne Soße (s. Glossar)

100 g Meerrettich, scharf

Salz und Pfeffer

5 Blätter Gelatine

Kräuter zum Garnieren

Crostini

1/2 Baguette

Olivenöl

Tatar

100 g Rindertatar

1 Sardelle

5 Kapern

1 Schalotte, gewürfelt

etwas Senf

Salz, Pfeffer

Grüne Soße

Gelatine in Wasser einweichen und anschließend in etwas Crème fraîche auflösen. Mit der restlichen Crème fraîche und dem Meerrettich verrühren und mit Salz und Pfeffer abschmecken. Die fertige Masse teilen, eine Hälfte in vier Gläser füllen und kalt stellen. Die andere Hälfte mit den Frankfurter Kräutern fein pürieren. Dann die grüne Masse auf die weiße Masse in die Gläser füllen. Die gefüllten Gläser wieder kalt stellen. Mit frischen Kräutern garnieren.

Crostini

Das Baguette quer in Scheiben schneiden (länger als die Glasöffnung) und in heißem Olivenöl goldgelb rösten.

Tatar

Rindertatar mit allen klein geschnittenen Zutaten vermischen und abschmecken.

Anrichten: Auf die Glasöffnung die Crostini legen. Darauf eine „Nocke" Rindertatar platzieren. Glas auf einen Unterteller setzen und servieren.

Zubereitung

Steigenberger Weinempfehlung
2004 Von Buhl Riesling Spätlese trocken,
Reichsrat von Buhl,
Deidesheim, Deutschland

Direkt gegenüber der Kieler Förde, mitten im Zentrum der pulsierenden Hafenstadt Kiel befindet sich das Steigenberger Conti Hansa. Ob zur Kieler Woche, zum alljährlichen Musikfestival oder einfach nur, um das rege Treiben im Hafen zu beobachten – die elegante Atmosphäre und das erstklassige Ambiente des Hauses bieten den entsprechenden Rahmen und einen idealen Ausgangspunkt für Entdeckungstouren. Tagungsgästen stehen neun Seminarräume zur Verfügung.

Büsumer Krabbensuppe

Zutaten

2 Zwiebeln

1 Stange Lauch

2 Möhren

50 g Butter

60 g Mehl

750 ml Fischfond (s. Glossar)

250 ml Sahne

80 g Krebssuppenpaste

100 g Nordseekrabben

Dill

Olivenöl

Zubereitung

Zwiebeln, Möhren und Lauch putzen und in Würfel schneiden. Olivenöl in einen Topf geben, das Gemüse darin andünsten und mit Mehl bestreuen. Kurz schwitzen lassen. Fischfond und Sahne dazugeben, kräftig einrühren. Suppe durch ein Sieb passieren. Die Krebssuppenpaste hinzugeben und mit Salz und Pfeffer abschmecken. Die Nordseekrabben hinzugeben und mit dem Dill garnieren.

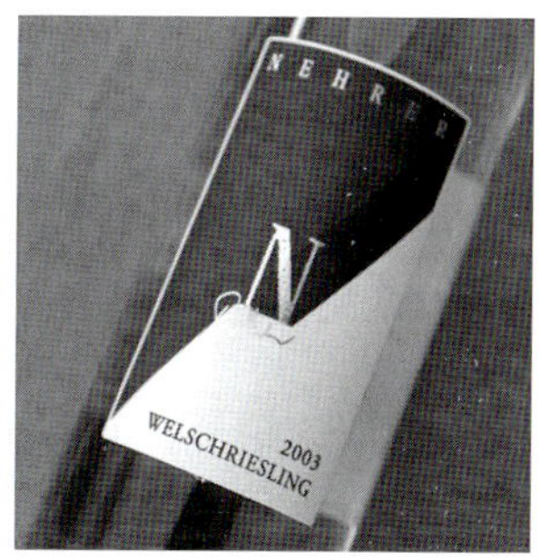

Steigenberger Weinempfehlung 2003 Welschriesling, Weingut Nehrer, Burgenland, Österreich

Oberhalb der schönen österreichischen Stadt Krems, von edlen Weinreben umgeben und mit herrlichem Blick auf das Donautal wohnt man im Steigenberger Avance Hotel wie in einem „Landhaus im Weinberg“. Das Hotel auf dem Goldberg bietet nicht nur First-Class-Komfort, sondern auch attraktive Möglichkeiten zum Wohlfühlen und Entspannen: Neben Ausflügen in die malerische Wachau und einem abwechslungsreichen Sport- und Erholungsangebot erwarten den Gast im Hotel eine Wellness-Oase und ein Therapiezentrum.

Cremesuppe von Roter Bete

mit Butternockerln

Zutaten

Cremesuppe

2 kg Rote Bete
300 g Zwiebel
2 Tl Kümmel
Olivenöl
ca. 1 l klare Gemüsesuppe
500 ml Schlagsahne
Salz
weißer Pfeffer aus der Mühle

Butternockerln

50 g Butter
2 Eigelb
100 g Mehl
2 Eiweiß
25 g Meerrettich
Kerbel

Cremesuppe

Rote Bete schälen, in grobe Stücke schneiden und dann mit den grob geschnittenen Zwiebeln in Olivenöl anrösten. Mit Gemüsesuppe aufgießen, würzen und köcheln lassen, bis die Rote Bete weich ist. Mit Schlagsahne aufgießen, pürieren, danach durch ein feines Sieb gießen und gut abschmecken.

Zubereitung

Butternockerln

Die Butter mit dem Eigelb schaumig rühren. Das Mehl, das aufgeschlagene Eiweiß und den Meerrettich vorsichtig unterheben. Vier große oder mehrere kleine Nockerln ausstechen, in leicht gesalzenes Wasser einlegen und vorsichtig kochen bzw. pochieren. Die Nockerln vorsichtig herausnehmen und gleich in Eiswasser einlegen. Dadurch werden sie nicht zu weich und behalten eine schöne Form.

Die heiße Suppe vor dem Anrichten nochmals mit einem Stabmixer aufmixen, damit ein schöner luftiger Schaum entsteht. Auf Suppenteller verteilen, die warmen Butternockerln mittig platzieren und mit Kerbel garnieren.

Steigenberger Getränkeempfehlung Staatl.Fachingen Medium

Der Mannheimer Hof liegt direkt am Wahrzeichen Mannheims, dem Wasserturm. Schräg gegenüber befindet sich das Mannheimer Kongress-Centrum und auch die große Shopping-Meile der Quadratestadt, die „Planken“, ist nur fünf Gehminuten vom Hotel entfernt. Im malerischen Gartenrestaurant des Vier-Sterne-Hauses werden sommerliche Gerichte serviert und das Restaurant Avalon bietet internationale Küche. Mit dem Schatzkistl betreibt das Hotel in seinem Untergeschoss eine urige und vielbesuchte Kabarettbühne Mannheims mit ständig wechselndem Programm.

Lauwarmer **Kurpfälzer Strudel** mit Kräuter Crème fraîche auf einem Salat aus roten Linsen, Wurzelgemüse und Rucola

Zutaten

Kurpfälzer Strudel

- **1 Päckchen Strudelteig, tiefgekühlt**
- **200 g grobe Leberwurst, in große Würfel geschnitten**
- **200 g grobe Blutwurst, in große Würfel geschnitten**
- **200 g Sauerkraut**
- **1 Zwiebel, gewürfelt**
- **2 mittelgroße Kartoffeln, in große Würfel geschnitten**
- **1 Ei**
- **Majoran, Basilikum**

Kräuter Crème fraîche

- **100 g Crème fraîche**
- **Schnittlauch, geschnitten**
- **Petersilie**

Salat

- **100 g rote Linsen, getrocknet**
- **1 Karotte, klein**
- **1 Sellerie**
- **1 Lauchstange**
- **1 Bund Rucola, klein**
- **Aceto Balsamico**
- **Olivenöl**
- **Salz, Pfeffer**

Zubereitung

Die Kartoffeln in Salzwasser weich kochen. Die Zwiebel in heißem Öl anschwitzen, die Kartoffeln beigeben und braten, bis beides etwas Farbe angenommen hat. Dann das Sauerkraut, die Blut- und die Leberwurst hinzufügen. Mit Salz, Pfeffer, Majoran und Basilikum würzen, vom Herd nehmen und abkühlen lassen.

Den Strudelteig zum Auftauen auf eine leicht bemehlte Tischoberfläche legen. Er sollte ca. die Maße 40 x 20 cm haben. Die erkaltete Füllung nun auf dem Teig verteilen. Am Rand ca. 2 bis 3 cm Platz lassen und diesen mit Ei bestreichen. Vorsichtig einrollen, die Enden zusammendrücken und unter den Strudel klappen. Das Ganze mit Ei bestreichen und bei 180 °C Umluft, ca. 25 bis 30 Min. im Ofen backen. Den Strudel anschließend vollständig erkalten lassen, damit er sich besser schneiden lässt. Die roten Linsen in leicht gesalzenem Wasser weich kochen. Die Karotte, den Lauch und den Sellerie in kleine Würfel schneiden (Linsengröße) und gleichfalls weich kochen. Nach dem Erkalten der Linsen und des Gemüses alles in Aceto Balsamico, Olivenöl, Salz und Pfeffer marinieren. Die Crème fraîche mit Petersilie, Schnittlauch sowie Salz und Pfeffer abschmecken. Den Rucola waschen und gut abtropfen lassen. Den Strudel in acht gleich große Tranchen (Stücke) schneiden und nochmals kurz im Ofen erwärmen. Anschließend den Rucola auf vier Teller verteilen, den Linsensalat daraufgeben (die Mitte freilassen), den Strudel mittig platzieren und ein oder zwei Kleckse Kräuter Crème fraîche daneben geben. Als Garnitur noch drei schöne Blätter Basilikum anlegen.

Steigenberger Weinempfehlung 2004 Dornfelder Qualitätswein trocken, Weingut Dr. Bürklin-Wolf, Pfalz, Deutschland

Im idyllischen Ostseeheilbad Zingst eröffnet mit dem Steigenberger Strandhotel Zingst 2006 ein anspruchsvolles Wellness- und Freizeithotel, das durch den Charme der klassischen Bäder-Architektur, außergewöhnliches Interieur und ein hochwertiges Angebot auf der mecklenburg-vorpommerschen Halbinsel Fischland-Darß eine besondere Adresse sein wird. Direkt an Hauptpromenade, Seebrücke und dem Strand gelegen, wird das Vier-Sterne-Hotel 104 Doppelzimmer und 17 Suiten für anspruchsvolle Gäste bieten und über einen einladenden Gastronomiebereich mit Restaurant und Bar verfügen.

Matjessalat

Zutaten

500 g Matjesfilet

1 Apfel

4 El Sahne

4 El Crème fraîche

6 eingelegte Gürkchen

Gurkensaft

4 Frühlingszwiebeln

1 Bund Schnittlauch

Öl, Gemüsebrühe

Pfeffer, Salz, Zitronensaft

100 ml Orangensaft

Zubereitung

Die Frühlingszwiebeln in Röllchen schneiden und blanchieren. In Eiswasser abschrecken.
Öl, Gemüsebrühe, Sahne und Crème fraîche mit dem Zitronensaft zusammen verrühren. Mit Salz und Pfeffer würzen. Den Apfel schälen und in Würfel schneiden. Die Gürkchen klein würfeln, dazugeben und unterrühren. Die Matjesfilets säubern, in kleine Stücke schneiden und in die Sahnesauce geben. Mit Schnittlauch bestreuen und ca. 24 Std. im Kühlschrank ziehen lassen. Mit Orangen- und Gurkensaft abschmecken.

Steigenberger Weinempfehlung 2004 Sauvignon Blanc, Weingut Nehrer, Burgenland, Österreich

Das Steigenberger Hotel Bellerive au Lac liegt an der Zürcher Seepromenade, nahe der Oper und dem Finanz- und Geschäftszentrum. Mit der liebevollen Renovierung und Restaurierung des denkmalgeschützten Traditionshauses gelang der Architektin Tilla Theus die große Vergangenheit des Bellerive mit dem Komfort eines modernen Business-Hotels zu verknüpfen. Das kleine sehr feine Stadthotel kombiniert moderne Wohnkultur mit dem kühlen Charme der Zürcher City und begrüßt Kulturliebhaber und Geschäftsreisende gleichermaßen.

Kalbskopf Bäggli

in Öl geschmort mit Aceto-Linsen

Zutaten

Kalbskopf Bäggli

- 320 g Kalbskopf Bäggli (Backen)
- 4 Rosmarinzweige, gezupft und gehackt
- 4 Thymianzweige, gezupft und gehackt
- 4 Knoblauchzehen
- 400 ml Olivenöl

Linsensalat

- 160 g braune Linsen
- 160 g Schalotten, gewürfelt
- 4 Lorbeerblätter
- 4 Rosmarinzweige, gezupft und gehackt
- 4 Thymianzweige, gezupft und gehackt
- 40 ml Olivenöl
- Salz, weißer Pfeffer aus der Mühle
- Instant-Rindsbouillon
- Aceto Balsamico

Vinaigrette

- 40 ml Sonnenblumenöl
- 40 ml Olivenöl
- 40 ml Kräuteressig
- 120 g Schalotten, fein gehackt
- 3 Tl Schnittlauch, geschnitten
- 1 Tl Zucker
- 8 Kopfsalatblätter zum Anrichten

Linsensalat

Die Linsen in kaltem Wasser einlegen. Danach mit etwas Lorbeer, Salz und Pfeffer aus der Mühle würzen. Mit wenig Rindsbouillon Rosmarin, Thymian und 4 El Aceto Balsamico bissfest kochen, danach in einem Sieb leicht abspülen. Olivenöl erhitzen. Danach die Schalotten dazugeben. Die Linsen darin anschwenken und mit Salz und Pfeffer aus der Mühle würzen. In eine Schüssel geben. Dann mit der Vinaigrette zu einem Salat anrichten.

Vinaigrette

Kräuteressig, Olivenöl, Sonnenblumenöl, gehackte Schalotten, Salz, Pfeffer aus der Mühle und, wenn nötig, etwas Zucker mischen. Am Schluss den geschnittenen Schnittlauch dazugeben und nochmal abschmecken.

Zubereitung

Kalbskopf Bäggli

Kalbskopf Bäggli mit je zwei gezupften und gehackten Rosmarin- und Thymianzweigen, Knoblauch und etwas Olivenöl mindestens 72 Std. marinieren. Aus der Marinade nehmen und mit Salz und Pfeffer würzen. In einer Pfanne leicht anbraten, dann in eine Form geben. Dazu Knoblauch und jeweils zwei Rosmarin- und zwei Thymianzweige geben. Das Ganze mit Olivenöl auffüllen, bis es leicht bedeckt ist, abdecken und im Ofen bei 150 °C 45 Min. im Fett schmoren lassen.

Steigenberger Weinempfehlung

2002 Chanteauvieux Dôle du Valais, Wallis, Schweiz

Hauptspeisen

Eleganz und Gastlichkeit haben hier Tradition. Seit über 165 Jahren gehört der Steigenberger Europäischer Hof zum Stadtbild Baden-Badens. Vis-à-vis vom Kurhaus mit seiner weltberühmten Spielbank und dem schönen Theater strahlt dieses historische Haus den Charme der Belle Epoque aus. Fürstlich kümmert man sich hier bis heute um die Gäste, die sich in der Wellness-Landschaft Europe Spa entspannen, das umfangreiche Tagungs- und Seminarangebot nutzen oder die Köstlichkeiten der Küche kosten möchten.

Geschmorte Kalbsbäckchen
in Spätburgundersauce mit Rahmwirsing und Schupfnudeln

Zutaten

Geschmorte Kalbsbäckchen

- 1 kg Kalbsbäckchen
- 200 g Wurzelgemüse (Karotten, Zwiebeln, Sellerie)
- 300 ml Spätburgunder Rotwein
- Majoran, Thymian
- Salz, Pfeffer
- 1–2 El Tomatenmark

Rahmwirsing

- 500 g Wirsing
- 150 ml Sahne, flüssig
- 40 g Zwiebeln

Schupfnudeln

- 300 g Kartoffeln
- 80 g Weizenmehl
- 1 Ei
- Butter
- Salz, Pfeffer, Muskat

Kalbsbäckchen

Die Kalbsbäckchen grob von überschüssigem Fett befreien und in einem Bräter scharf anbraten. Gewürfeltes Wurzelgemüse hinzugeben und rösten. Sobald das Gemüse eine kräftige Färbung hat, ein bis zwei Esslöffel Tomatenmark hinzugeben. Alles weiter rösten und den Saucenansatz mit Spätburgunder ablöschen. Den Rotwein einkochen lassen, bis ein Röstvorgang einsetzt, dann erneut ablöschen. Diesen Vorgang dreimal wiederholen, dabei auf ständiges Umrühren achten, damit der Saucenansatz nicht verbrennt. Zuletzt das Fleisch mit Wasser bedecken, die Kräuter hinzugeben und bei geschlossenem Deckel ca. 40 Min. weich schmoren. Das Fleisch aus dem Topf nehmen und den übrig gebliebenen Kräutersud durch ein feines Sieb gießen. Den Kräutersud mit Pfeffer und Salz würzen und auf ein Drittel der Menge einkochen lassen. Die Sauce kann nach Belieben weiter eingedickt werden, entweder durch Einkochen (hierdurch nimmt die Intensität der Sauce zu) oder durch die Zugabe von Speisestärke.

Steigenberger Weinempfehlung

2001 Oberbergener Baßgeige, Spätburgunder, Qualitätswein trocken, Weingut Schwarzer Adler, Franz Keller, Baden, Deutschland

Zubereitung

Rahmwirsing

Den Strunk des Wirsingkopfes entfernen, Zwiebeln schälen und beides in feine Streifen schneiden. Die Zwiebeln in eine heiße Pfanne geben und glasig schwitzen, anschließend die Wirsingstreifen hinzugeben und mitschmoren lassen. Das Wirsinggemüse mit flüssiger Sahne ablöschen und so lange köcheln lassen, bis es weich ist. Mit Salz und Pfeffer nach Geschmack würzen.

Schupfnudeln

Die geschälten Kartoffeln in Salzwasser weich kochen und nach dem Abgießen und Ausdampfen durch eine Presse geben. Ersatzweise kann auch ein Kartoffelstampfer verwendet werden, jedoch sollte darauf geachtet werden, dass keine größeren Stücke zurückbleiben. Die Kartoffelmasse mit Ei und Mehl gleichmäßig verkneten und mit Salz und Pfeffer würzen. Aus der Masse fingerdicke Röllchen (Schupfnudeln) formen und in Salzwasser kochen, anschließend in zerlassener Butter schwenken bis eine leichte Bräunung entsteht.

An historischer Stelle und in bester Lage repräsentiert das Steigenberger Hotel Bad Homburg glanzvolle Hoteltradition. In unmittelbarer Nähe zur Metropole Frankfurt und direkt an den Hängen des Taunus gelegen, residieren Gäste hier in stilvollem Art-déco-Ambiente. Besonders beliebt ist das 169-Zimmer-Haus bei Geschäftsreisenden, die die umfangreichen Tagungsmöglichkeiten in ruhiger Umgebung zu schätzen wissen.

Mit Morcheln gefüllte Maishähnchenbrust

auf Estragonsauce mit glasiertem Frühlingsgemüse und Würfelkartoffeln im Nest

Zutaten

Maishähnchen

- 4 Maishähnchenbrüste mit Haut
- 10 g getrocknete Morcheln, eingeweicht und gut gewaschen
- 2 El Schalotten, gewürfelt
- 1 El Butter
- 4 cl Sherry oder heller Portwein
- 1 Eiweiß und etwas Sahne

Frühlingsgemüse

- Salz und Pfeffer
- 4 Portionen Gemüse (junge Karotten, Frühlingszwiebeln, Erbsenschoten etc.)
- 3–4 El Butter und etwas Zucker zum Glasieren
- 5–6 sehr große Kartoffeln
- Öl zum Frittieren
- 2 Teesiebe zum Formen der Nester

Estragonsauce

- 600 ml Geflügelfond
- 50 ml Weißwein
- 150 ml Sahne
- einige Zweige Estragon
- 1–2 El Mehlbutter (s. Glossar)

Maishähnchenbrust

Die Hähnchenbrüste kurz abspülen, mit einem Küchenpapier trockentupfen und nach Federresten absuchen. Die Innenfilets entnehmen, klein schneiden und etwas anfrieren lassen. Die ausgewaschenen Morcheln gut ausdrücken und fein hacken. Das Einweichwasser der Morcheln durch ein Tuch passieren. Die gehackten Pilze mit den Schalottenwürfeln in etwas Butter anschwitzen und leicht Farbe nehmen lassen. Den Sherry zugeben, die Pilze mit Salz und Pfeffer würzen und kalt stellen.
Die Hähnchenfilets mit dem Eiweiß und der Sahne in einer Mulinette zu einer Farce verarbeiten. Die abgekühlten Pilze unter die Hähnchenfarce rühren, abschmecken und in einen Spritzsack geben. Die Hähnchenbrüste mit einem kleinen Messer etwas einschneiden und mit der Farce füllen (oder die Farce unter die Haut geben). Von außen mit Salz und Pfeffer würzen. Die Hähnchenbrüste in Öl anbraten und auf einem Rost im Ofen bei 220 °C ca. 10 bis 12 Min. garen.

Zubereitung

Frühlingsgemüse

Das Gemüse blanchieren (s. Glossar) und anschließend in Butter in einer Pfanne leicht anbraten. Mit Zucker glasieren. Die Kartoffeln schälen, in feine Späne raspeln und mit Pfeffer und Salz würzen. In einem Teesieb zu einem Körbchen formen und in heißem Öl ausbacken. Abkühlen lassen und die entstandenen Nester beiseite stellen. Die restlichen Kartoffeln schälen, klein würfeln und ebenfalls im Öl frittieren, dann in die Nester füllen.

Estragonsauce

Die Pfanne, in der die Brüste angebraten wurden, mit einem Spritzer Portwein ablöschen, mit ca. 600 ml Geflügelfond auffüllen und langsam köcheln lassen. Estragon und Morchelwasser dazugeben und erneut herunterköcheln lassen. Mit etwas Butter zur Sauce montieren, mit Pfeffer und Salz würzen.

Steigenberger Weinempfehlung 2002 Iphöfer Kalb, Silvaner Qualitätswein trocken, Weingut Hans Wirsching, Franken, Deutschland

Der Gesundheit wegen reiste schon Österreichs Kaiserin Elisabeth gern in die fränkische Kurstadt Bad Kissingen. Gepflegte Parks laden zu besinnlichen Spaziergängen ein und historisch Interessierte entdecken überall die Spuren kaiserlicher und königlicher Gäste. Das Steigenberger Kurhaus Hotel bietet einen exklusiven Rahmen, um gepflegt zu entspannen. Der eigene Pool- und Fitnessclub trägt hier ebenso zum Wohlbefinden bei wie die Beauty-Farm und das Thalasso-Therapie- und Gesundheitszentrum.

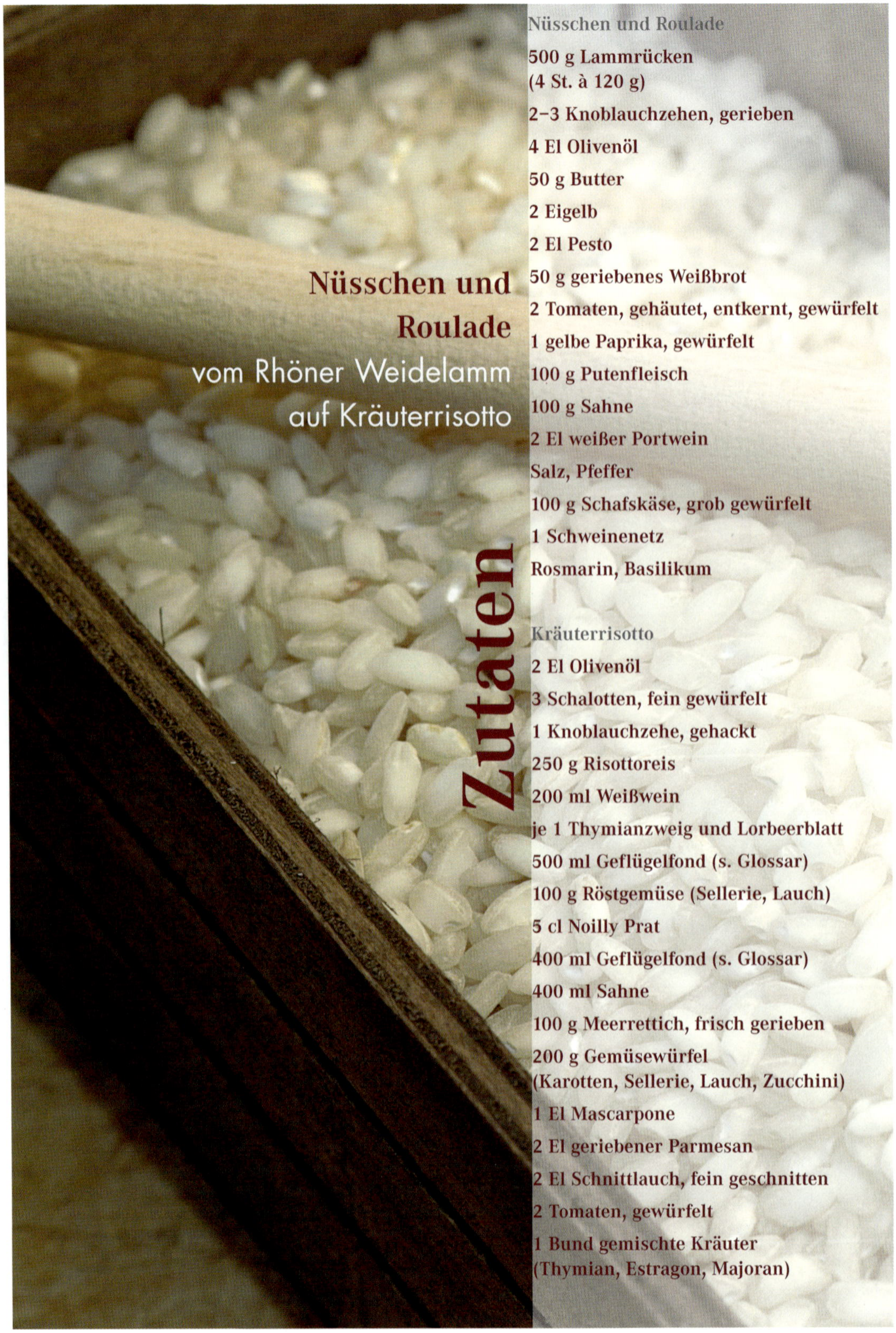

Nüsschen und Roulade

vom Rhöner Weidelamm auf Kräuterrisotto

Zutaten

Nüsschen und Roulade

- 500 g Lammrücken (4 St. à 120 g)
- 2–3 Knoblauchzehen, gerieben
- 4 El Olivenöl
- 50 g Butter
- 2 Eigelb
- 2 El Pesto
- 50 g geriebenes Weißbrot
- 2 Tomaten, gehäutet, entkernt, gewürfelt
- 1 gelbe Paprika, gewürfelt
- 100 g Putenfleisch
- 100 g Sahne
- 2 El weißer Portwein
- Salz, Pfeffer
- 100 g Schafskäse, grob gewürfelt
- 1 Schweinenetz
- Rosmarin, Basilikum

Kräuterrisotto

- 2 El Olivenöl
- 3 Schalotten, fein gewürfelt
- 1 Knoblauchzehe, gehackt
- 250 g Risottoreis
- 200 ml Weißwein
- je 1 Thymianzweig und Lorbeerblatt
- 500 ml Geflügelfond (s. Glossar)
- 100 g Röstgemüse (Sellerie, Lauch)
- 5 cl Noilly Prat
- 400 ml Geflügelfond (s. Glossar)
- 400 ml Sahne
- 100 g Meerrettich, frisch gerieben
- 200 g Gemüsewürfel (Karotten, Sellerie, Lauch, Zucchini)
- 1 El Mascarpone
- 2 El geriebener Parmesan
- 2 El Schnittlauch, fein geschnitten
- 2 Tomaten, gewürfelt
- 1 Bund gemischte Kräuter (Thymian, Estragon, Majoran)

Zubereitung

Nüsschen und Roulade

Aus zwei Lammrücken vier Medaillons à 60 g schneiden, würzen, mit etwas Knoblauch marinieren und von beiden Seiten anbraten. Butter und Eigelb schaumig schlagen, mit Pesto und geriebenem Weißbrot vermischen, abschmecken, auf die Medaillons verteilen und kalt stellen.

Die anderen beiden Lammrücken ebenfalls würzen, marinieren, anbraten und kalt stellen. Tomaten und Paprika kurz in Olivenöl anschwitzen. Aus dem Putenfleisch, der Sahne und dem weißen Portwein im Küchenmixer eine feine Farce herstellen, mit Salz, Pfeffer und etwas Knoblauch abschmecken. Den Schafskäse, die gehackten Kräuter, Paprika- und Tomatenwürfel mit der Farce vermischen.

Das gewässerte Schweinenetz ausbreiten und ca. 1/2 cm Farce bestreichen (etwa die Größe des Lammrückens). Einen Lammrücken auf das Schweinenetz legen und mit Farce bestreichen. Den zweiten Lammrücken darauf legen und ebenfalls mit Farce bestreichen. Alles zusammen so in das Schweinenetz einschlagen, dass die beiden Lammrücken übereinander liegen. Die Roulade ca. 15 Min., die Medaillons ca. 5 Min. bei 160 °C rosa braten.

Kräuterrisotto

[illegible]lotten und den Knoblauch bei geringer Hitze in Olivenöl andünsten, den Risottoreis 2 bis 3 Min. mitdünsten, mit 150 ml Weißwein ablöschen, die Kräuter hinzufügen. Den Geflügelfond nach und nach angießen, den Reis unter Rühren al dente kochen. Abkühlen lassen.

Das Röstgemüse in Butter farblos dünsten, mit dem restlichen Weißwein und Noilly Prat ablöschen. Den Geflügelfond angießen und auf die Hälfte reduzieren. Mit Salz und Pfeffer abschmecken. Die Gemüsewürfel in Salzwasser gar kochen. Das abgekühlte Risotto mit den Gemüsewürfeln kurz aufkochen, mit Salz, Pfeffer und Schnittlauch abrunden. Sahne, Meerrettich, Mascarpone und Kräuter unter das Risotto heben. Nach Belieben geriebenen Parmesan hinzufügen und mit Tomatenwürfeln garnieren.

Steigenberger Weinempfehlung 2002 Zweigelt Hochberg, Weingut Nehrer, Burgenland, Österreich

Als eine Oase der Ruhe und Entspannung empfängt das Steigenberger Hotel Bad Pyrmont seine Gäste unmittelbar am herrlichen Kurpark des niedersächsischen Staatsbades. Seit 1993 bietet das Luxushotel ein exklusives Ambiente. Eine im orientalischen Stil gehaltene großzügige Wellness-Landschaft mit Schwimmbad, Sauna, Dampfbad, Whirlpools und Fitnessraum sorgt ebenso für das Wohlbefinden wie medizinische Einrichtungen und der hauseigene Beauty-Bereich Pyrmontana.

Steinbutt und Jacobsmuscheln gebraten auf Kürbis-Ingwer-Sauce mit Reis

Zutaten

Steinbutt und Jacobsmuscheln

500 g Steinbuttfilet

350 g Jacobsmuscheln, frisch ausgelöst

400 ml Fischfond (s. Glossar)

3 El Olivenöl

100 g Butter

Salz, Pfeffer, Korianderpulver

Kürbis-Ingwer-Sauce

500 g frischer Kürbis bzw. 250 g Kürbisfleisch

1 Knolle frischer Ingwer, in feine Streifen geschnitten oder gerieben

250 ml Weißwein

400 ml weißer Portwein

250 ml Sahne

2 Schalotten

200 ml Gemüsebrühe

Salz, Pfeffer, Zucker

3 El Kürbiskernöl

4 Portionen Reis

Kürbis-Ingwer-Sauce

Den Kürbis entkernen, das Fleisch aushöhlen und klein schneiden. Schalotten in etwas Kürbiskernöl anschwitzen, Zucker und das Kürbisfleisch zugeben und ankaramellisieren lassen. Frischen Ingwer beifügen und mit Weißwein, Portwein, Gemüsebrühe und Sahne verkochen. Alles im Mixer oder mit dem Mixstab fein pürieren und durch ein feines Sieb passieren. Reis garen und in etwas Fond bereitstellen.

Zubereitung

Steinbutt und Jacobsmuscheln

Das Steinbuttfilet und das Jacobsmuschelfleisch in einer beschichteten Pfanne bei mittlerer bis starker Hitze mit 3 El Olivenöl und der Butter ca. 4 Min. anbraten, sodass kein Saft ausläuft und sie golden sind. Kurz warm stellen, Sauce nochmals erhitzen und mit Fischfond ablöschen, mit Koriander würzen. Anschließend mit allen anderen Zutaten anrichten.

Steigenberger Weinempfehlung

2004 Winninger Uhlen, Riesling Spätlese trocken,
Freiherr von Heddesdorff, Winningen, Mosel, Deutschland

Nur wenige Schritte von Berlins berühmter Flaniermeile Kurfürstendamm entfernt liegt das Steigenberger Hotel Berlin. Luxuriöse Zimmer und Suiten, edles Ambiente und exzellenter Service lassen den Aufenthalt zu etwas Besonderem werden. Ein Business Center steht 24 Stunden täglich zur Verfügung, und für kulinarische Highlights sorgt Holger Zurbrüggen mit seiner italienisch-japanischen Küche im Gourmetrestaurant Louis. Der Bankettbereich mit Ballsaal und 14 Tagungssalons bietet den idealen Rahmen für Veranstaltungen.

Loup de mer

im Dashi-Safran-Fond

Zutaten

600 g Wolfsbarschfilet (Loup de mer)

1 Tl Safran

2 Tl Dashi (getrockneter Bonito, erhältlich im Asia-Laden)

4 cl Noilly Prat

200 ml Fischfond (s. Glossar) oder Wasser

1/2 Zucchino

2 Mini-Paprika

4 Kapernbeeren

120 g Couscous

4 Stangen Frühlingszwiebeln

2 getrocknete Tomaten

4 Kirschtomaten

4 Stangen grüner Spargel

1 El Tempuramehl

40 ml Olivenöl

1 Zitrone

Salz

Zubereitung

Safran, Dashi, Noilly Prat und Fischfond vermischen und im Topf aufkochen. Das Couscous im Sieb auf den Topf stellen und 8 Min. dämpfen. Dann mit dem Fond zweimal übergießen.

Gemüse im restlichen Fond blanchieren und mit dem Tempuramehl abbinden (s. Glossar).

Den Fisch säubern, mit der Zitrone säuern und salzen. Den Fisch auf der Hautseite scharf anbraten, wenden und langsam weiterziehen lassen.

Steigenberger Weinempfehlung

2004 Grauer Burgunder, Silberkapsel, Kruger-Rumpf, Münster-Sarmsheim, Nahe, Deutschland

Am Fuß der Lössnitzer Weinberge liegt das Parkhotel Dresden-Radebeul – eine Residenz in beeindruckender Architektur: Hauptgebäude und Villenpark sind im italienischen Stil gehalten. Vom Foyer bis in die einzelnen Räume begleitet die Gäste moderne Kunst von großen Meistern unserer Tage. Kunstvoll präsentiert sich auch der 1.000 Quadratmeter große Wellness-Bereich, der ebenso wie die hauseigene Bionouvelle-Schönheitsresidenz wohltuende Streicheleinheiten für Körper, Geist und Seele verspricht.

Gefüllte Kaninchenkeule in Buttermilchsauce mit Roter Bete und Kartoffelklößen

Zutaten

4 Kaninchenkeulen, mittelgroß

750 ml Buttermilch zum Einlegen

2 Bund Wurzelgemüse

4 Schweinenetzstücke, ca. 20 x 20 cm

200 g Blutwurst

100 g Zwiebeln

Butter

etwas Öl

1 Tl Tomatenmark

250 ml Wildfond (s. Glossar)

250 ml Buttermilch

1 Glas Rote Bete-Kugeln (Abtropfgewicht 520 g)

1/2 Bund Frühlingszwiebeln

600 g Kartoffeln, gekocht

200 g Mehl

2 Eier

2 Scheiben Toastbrot

etwas Kartoffelstärke

Salz, Pfeffer, Muskat, Majoran

frische Kräuter zum Garnieren

Zubereitung

Die Knochen aus den Kaninchenkeulen lösen und das Fleisch mit einem Bund Wurzelgemüse für zwei bis drei Tage in eine mit Salz und Pfeffer gewürzte Buttermilchmarinade einlegen.
Für die Farce Blutwurst und Zwiebeln in kleine Würfel schneiden. Etwas Butter erhitzen und die Zwiebelwürfel darin glasig anschwitzen. Die Blutwurstwürfel zugeben und bei milder Hitze schmelzen lassen, gegebenenfalls mit Salz und Pfeffer würzen und mit frischem Majoran abschmecken. Erkalten lassen.
Die Kaninchenkeulen vorsichtig aus der Buttermilchmarinade nehmen, mit Küchenkrepp trockentupfen und auf die Schweinenetzstücke legen.
Nun das Kaninchen mit der Blutwurstfarce füllen und vorsichtig, jedoch fest in das Schweinenetz einrollen. Die gefüllten Kaninchenkeulen in etwas Öl von allen Seiten anbraten. Frisches Wurzelgemüse und Tomatenmark an den Bratenansatz geben und reduzieren lassen. Zwei- bis dreimal mit etwas Bratenfond ablöschen und reduzieren lassen. Anschließend mit Bratenfond und der Hälfte der Buttermilchmarinade auffüllen und ca. 30 Min. im Ofenrohr (im eigenen Saft) schmoren. Während des Schmorens die Kartoffelklöße zubereiten. Die gekochten Kartoffeln durch eine Kartoffelpresse drücken, mit Mehl und Eiern verrühren und mit Salz und einer Prise Muskat würzen. Die Toastbrotscheiben entrinden, in Würfel schneiden und diese in der Pfanne in wenig Fett rösten. Pro Person drei kleine Klöße von ca. 60 g formen, dabei drei bis vier Weißbrotwürfel in die Mitte des Kloßes geben. Die Klöße in Kartoffelstärke wälzen, dadurch erhalten die Klöße einen schönen Glanz und eine glatte Oberfläche. Die Klöße in kochendes Salzwasser geben und unter dem Siedepunkt in ca. 12 Min. garen. Die Rote Bete-Kugeln abgießen und in wenig Butter bei milder Hitze glasieren. Die Frühlingszwiebeln waschen und auf ca. 8 bis 10 cm kürzen. In Butter anschwitzen und mit Salz und Pfeffer würzen. Die gegarten Kaninchenkeulen aus dem Saucenfond entnehmen, den Fond passieren, einkochen und gegebenenfalls mit Saucenbinder abbinden. Mit Salz und Pfeffer abschmecken und mit Butterflocken vollenden. Die Kaninchenkeulen schräg durchschneiden und mit der Füllung nach oben auf den vorgewärmten Tellern mittig anrichten. Die Sauce angießen. Die Kartoffelklöße mit Semmelbutter (s. Glossar) kreisförmig um die Keulen anrichten und dazwischen die Rote Bete-Kugeln und die glasierten Frühlingszwiebeln geben. Mit frisch gehackten Kräutern bestreuen.

Steigenberger Weinempfehlung Veuve Clicquot brut

Als Kultur- und Modemetropole genießt Düsseldorf seit langem internationalen Ruf. Noble Gastlichkeit in einem glanzvollen City-Domizil offeriert hier das Steigenberger Parkhotel, das am Anfang der berühmten Königsallee, mitten im Zentrum der Landeshauptstadt, liegt. Mit dem Hofgarten und der Deutschen Oper am Rhein in unmittelbarer Nähe ist dieses traditionsreiche Haus immer wieder ein geschätzter Treffpunkt für Gäste aus aller Welt.

Wachtelbrust im Champignon

auf Rahmwirsing mit Rotweinsauce

Zutaten

- **6 extragroße Champignons**
- **1 ganze Wachtel**
- **1 Hähnchenbrustfilet**
- **200 ml Sahne**
- **1 kleiner Wirsingkopf**
- **250 g Butter**
- **Salz, Pfeffer, Muskat**
- **Rotweinsauce (s. Glossar)**
- **2 Eiweiß**

Zubereitung

Die Wachtelbrüste vom oberen Mittelknochen schneiden und die Haut entfernen. Von vier Champignons den Stiel entfernen und mit einem kleinen Löffel vorsichtig aushöhlen (sie dürfen nicht brechen). Das Hähnchenbrustfilet in kleine Stücke schneiden, in einer Küchenmaschine sehr fein zerkleinern, zwei Eiweiße dazugeben und mit Salz und Pfeffer würzen. Anschließend nach und nach die Sahne dazugießen bis eine lockere Masse (Farce) entsteht. Die ausgehöhlten Champignons mit etwas Farce ausstreichen, die Wachtelbrust würzen, in die Champignons einlegen und andrücken, sodass kein Hohlraum entsteht. Danach mit der Farce dick bestreichen bis die Wachtelbrust komplett bedeckt ist.

Die Stiele der beiden restlichen Champignons entfernen. Die Hauben so schneiden, dass diese bei den vier gefüllten Champignons als Deckel verwendet werden können. Die verschlossenen Champignons anschließend von oben würzen und mit flüssiger Butter bestreichen.

Wirsingblätter in kochendem Wasser abkochen, gut trocknen und in feine Streifen schneiden. Danach die Butter anschwitzen (sie soll jedoch keine Farbe bekommen), etwas Sahne angießen und leicht köcheln lassen. Mit Salz, Pfeffer und Muskat abschmecken.

Die gefüllten Champignons ca. 12 bis 14 Min. bei 160 bis 170 °C im Ofen garen lassen. Gut 1 bis 2 Min. ruhen lassen und längs halbieren.

Etwas Wirsing mittig auf vorgewärmten Tellern verteilen und je zwei Champignonhälften darauf anrichten. Rotweinsauce erwärmen und über die Champignons träufeln.

Steigenberger Weinempfehlung

2003 Cuvée Belleruche,
M. Chapoutier, Côtes du Rhône, Frankreich

Malerisch an einem Alsterfleet mitten im Zentrum gelegen empfängt das Steigenberger Hotel Hamburg seine Gäste. Das Fünf-Sterne-Domizil bietet 226 luxuriöse Zimmer und Suiten sowie umfangreiche Tagungsmöglichkeiten für anspruchsvolle Geschäftsmeetings.
Auch das leibliche Wohl hat in dem typisch hanseatischen Klinkerbau einen besonderen Stellenwert. Das Gourmetrestaurant Calla verwöhnt den Feinschmecker mit euro-asiatischen Spezialitäten, die durch ungewöhnliche Aromen und Kombinationen bestechen. Im Sommer lädt die große Terrasse zum Verweilen ein. Das Steigenberger Hotel Hamburg ist wahrlich ein Platz zum Wohlfühlen.

Gebratener Rehrücken

mit Hoisin-Sauce, Apfel-Sellerie-Püree und Steinpilzen

Zutaten

Gebratener Rehrücken

1 kg Rehrücken

1 El Gewürzmischung (Sternanis, Lorbeerblatt, Koriander, Wacholder, Nelken, Pimentkörner, schwarzer Pfeffer)

125 ml Wildfond (s. Glossar)

100 ml roter Portwein

3 Tl Hoisin-Sauce

30 g kalte Butterwürfel

Apfel-Sellerie-Püree

500 g Sellerie

200 g Kartoffeln

240 g Äpfel (Cox Orange)

1 El braune Butter

1 El Crème fraîche

Steinpilze

250–300 g Steinpilze

1 El Schalotten, fein geschnitten

3 El Petersilie, fein gehackt

Butter, Salz, Pfeffer

Zubereitung

Apfel-Sellerie-Püree

Sellerie, Kartoffeln und Äpfel schälen und würfeln. Alles in einen Topf geben, knapp mit Wasser bedecken, mit einer Prise Salz würzen, weich kochen und abschütten. Die Mischung wieder in den Topf geben und auf dem Herd gut abdämpfen. Alles mit einem Stabmixer pürieren und durch ein feines Sieb streichen. Nun die braune Butter und die Crème fraîche hinzugeben, abschmecken und warm stellen.

Rehrücken

Den Rehrücken auslösen, mit der Gewürzmischung einreiben, salzen und in heißem Öl von allen Seiten anbraten. Nun den Rücken in den auf 120 °C vorgeheizten Backofen geben. Nach ca. 10 Min. den Rehrücken herausnehmen, in Alufolie einschlagen und ruhen lassen.

Steinpilze

Steinpilze mit einem feuchten Tuch abreiben und in Scheiben schneiden. In einer heißen Pfanne etwas Öl mit einem Stück Butter erhitzen, die Steinpilze hinzugeben. Nach kurzer Zeit die Schalotten hinzugeben und würzen. Zum Schluss die gehackte Petersilie unterheben.

Sauce

Den Wildfond mit dem Portwein so lange reduzieren, bis er ölig wird. Mit den kalten Butterwürfeln binden und mit Hoisin-Sauce abschmecken.

Steigenberger Weinempfehlung 1997 Damilano Cannubi Barolo, Italien

Einen Logenplatz am Bodensee bietet das Steigenberger Inselhotel seinen Gästen: In einmaliger Lage auf einer der Altstadt vorgelagerten kleinen Privatinsel befindet sich das geschichtsträchtige Gebäude, ein ehemaliges Dominikanerkloster, in dem Graf von Zeppelin das Licht der Welt erblickte. Nur wenige Gehminuten von diesem herrlichen, denkmalgeschützten Luxusdomizil entfernt liegt die Konstanzer Altstadt mit ihren verwinkelten Gassen, dem prachtvollen Rathaus und den schönen Bürgerhäusern.

Bodenseezanderfilet
unter der Kräuterkruste an Konstanzer Grauburgundersauce

Zutaten

- 4 kleine Zanderfilets
- 100 g Butter
- 1 Eigelb
- je 1 El Schnittlauch, Kerbel, Dill, Blattpetersilie, gehackt
- Salz, Zitrone
- 125 ml Sahne
- 250 ml Grauburgunder
- 2 cl Noilly Prat
- 40 g kalte Butter
- 1 Zwiebel, gewürfelt
- 1 Lorbeerblatt

Das Zanderfilet portionieren, würzen, anbraten und warm stellen. Die Butter schaumig rühren, Eigelb und gehackte Kräuter dazugeben, anschließend die Buttermischung auf die angebratenen Filets streichen und unter dem Grill im Backofen fertig garen, bis die Butter bräunt.

Zubereitung

Das Lorbeerblatt, 1 El Zwiebelwürfel und ca. 200 ml des Grauburgunders zur Hälfte einkochen, danach durch ein Sieb streichen. Anschließend die Sahne, den Rest des Grauburgunders und den Noilly Prat dazugeben. Einmal kurz aufkochen, dann kalte Butter (ca. 2 bis 3 El) unterrühren bis die Sauce bindet. Mit etwas Salz und Zitrone abschmecken. Dazu Kartoffeln und Gemüse nach Belieben reichen.

Steigenberger Weinempfehlung

2003 Neuweierer Mauerberg, Riesling Kabinett, Baden, Deutschland

In der Südtiroler Kur- und Ferienmetropole Meran, am Südrand der Alpen gelegen, eröffnet Steigenberger im Frühjahr 2006 ein außergewöhnliches Haus – das Steigenberger Hotel Therme Meran. Unter der Ägide des italienischen Stardesigners Matteo Thun entsteht hier ein fantasievolles 139-Zimmer-Vier-Sterne-Superior-Hotel, das Wellness-, Ferien- und Tagungsgäste gleichermaßen anspricht. Verlockend ist auch das gastronomische Angebot. Im Steigenberger Hotel Therme Meran kommt ein Mix aus mediterraner Küche mit internationalen Highlights und altösterreichischen Speisen auf die Karte. Sowohl vom feinen Buffet-Restaurant (208 Plätze) als auch vom edlen Gourmetrestaurant (88 Plätze) aus lässt sich das lebhafte Treiben in der Show-Küche beobachten.

Meraner Hirsch-Kompott

mit Kartoffel-Sellerie-Hut, Champignons, Balsamico-Zwiebeln und Kartoffelchips

Zutaten

1 Hirschkalbkeule

200 g Dörrfleisch

15 Schalotten

Olivenöl

1 Bund Röstgemüse

1,5 l Südtiroler Rotwein (Grauvernatsch o. Ä.)

2 Zweige Rosmarin, Thymian

Wachholder, Lorbeer

200 ml roter Portwein

20 g Tomatenmark

1 Tl Mehl

200 g Champignons

Pfeffer, Salz, Cayennepfeffer

1 Sellerie

2 frische Kartoffeln

Muskatnuss, gerieben

100 ml Sahne

Pfeffer, Salz

2 kleine Zwiebeln

Aceto Balsamico

Öl

3 Stängel glatte Petersilie

3 Kartoffelchips (s. Glossar)

Zubereitung

Die kleinen Zwiebeln schälen und in die Öl-Aceto-Balsamico-Mischung 24 Std. einlegen. Die Hirschkeule vom Knochen lösen, von Sehnen befreien und in kleine pralinengroße Würfel schneiden.
Im Bräter Schalotten und Dörrfleisch in Olivenöl anschwitzen, Röstgemüse in kleinen Würfeln dazugeben und scharf anbraten.
Tomatenmark und Mehl hinzufügen, anrösten lassen, mit rotem Portwein und einer Flasche Rotwein ablöschen. Köcheln lassen. Die Hirschwürfel portionsweise in separater Pfanne in Öl scharf anbraten und nach und nach in den Bräter geben. Wachholder, Rosmarin, Thymian und Lorbeer dazugeben und ca. 1 Std. bei 200 °C (Umluft) im Ofen schmoren.
Champignons und Balsamico-Zwiebeln in etwas Rotweinsud in der Pfanne kurz anbraten, dann in den Schmortopf geben. Den Hirschtopf eine weitere Stunde in den Ofen geben, bis das Fleisch fast zerfällt. Sellerie und Kartoffeln in kleine Stücke schneiden, mit Salz, Pfeffer und Muskatnuss abschmecken und in der Sahne köcheln lassen, bis alles weich ist. Anschließend pürieren.

Servieren: Servier-Ring in die Mitte eines vorgewärmten Tellers setzen. Hirsch-Kompott bis zur Hälfte einfüllen und andrücken, damit die Masse Stand bekommt. Den Ring dann mit Kartoffel-Sellerie-Püree auffüllen und glatt streichen. Chips aufsetzen. Champignons sowie Balsamico-Zwiebeln um den Ring legen und mit Sahne napieren (s. Glossar). Gehackte glatte Petersilie um den Ring streuen und diesen vorsichtig abziehen, damit der Turm nicht zerfällt. Servieren.

Steigenberger Weinempfehlung 2001 Il Futuro, Il Colombaio di Cencio, Gaiole, Chianti, Italien

Das Steigenberger Hotel Remarque Osnabrück ist ein „Genießerhotel", in dem Verwöhnen und Wohlfühlen großgeschrieben werden. Dreh- und Angelpunkt des Vier-Sterne-Hauses ist die abwechslungsreiche Gastronomie: das Gourmetrestaurant Vila Real im Wintergarten, in dem der Gast mit mediterraner Küche und aufmerksamem Service auf höchstem Niveau verwöhnt wird, die Weinhandlung Enoteca mit Weinseminaren und Tapas-Abenden oder das Restaurant Remarque's Küche & Wein mit kreativem Stilmix aus der Cucina Italiana, Euro-Asiatischem, Klassikern oder Trends aus der Wellness-Küche.

Knusprige **Filoteig-Trüffelblätter** mit Kaninchenrücken, Gänsestopfleber und Artischocken

Zutaten

6 Kaninchenrückenstränge, ausgelöst

4 Gänsestopfleberstreifen à ca. 20 g

2 Mangoldblätter, blanchiert

100 g Schweinenetz

4 Poweraden (Mini-Artischocken)

Gartenkräuter, gezupft z. B. Kerbel, Estragon, Basilikum, bunte Kresse

40 g Périgord-Trüffel

2 Blätter Filoteig (griechischer Pastetenteig, in türkischen Märkten erhältlich)

etwas Eigelb

Olivenöl zum Ausbacken

Salz, Zucker

Thymian, Rosmarin

Butter

Farce

100 g Putenbrust, fein gehackt, 40 g Spinat, blanchiert und ausgedrückt, 1 Ei, 30 g Nussbutter (s. Glossar), kalt, aber noch flüssig, Salz, Pfeffer, 120 ml Sahne

Für die Farce das Putenfleisch mit Spinat, Ei, Nussbutter, Salz und Pfeffer in der Küchenmaschine pürieren. Nach und nach die flüssige Sahne zugeben, bis eine glatte Farce entsteht.

Trüffeljus

30 g Périgord-Trüffel, 20 g Butter, 50 ml Trüffelfond vom eingekochten Trüffel, 2 Tl Trüffelöl, 250 ml Geflügel- oder Kalbsfond, Salz, Pfeffer

Für die Sauce den Trüffel in etwas Butter anschwitzen und mit dem Trüffelfond ablöschen. Mit dem Geflügel- oder Kalbsfond auffüllen und leicht einköcheln lassen. Mit Trüffelöl, Salz und Pfeffer abschmecken.

Zubereitung

Filoteig-Blätter

Die Mangoldblätter dünn mit Farce bestreichen und die mit Salz und Pfeffer gewürzten Gänseleberstreifen darin einpacken. Kaninchenrücken längs einschneiden, leicht plattieren und ebenfalls dünn mit Farce bestreichen. Die Gänseleber auflegen, einrollen und dünn mit dem Schweinenetz umwickeln.
Den Filoteig mit Eigelb bestreichen, Trüffelscheiben auflegen und nochmals mit Filoteig bedecken. Quadrate von ca. 5 cm Kantenlänge ausschneiden und im heißen Olivenöl bei 220 °C ca. 2 bis 3 Min. im Ofen goldgelb backen.
Die Poweraden (Miniartischocken) putzen, halbieren und in Olivenöl mit etwas Thymian und Rosmarin braten.
Die Kaninchenrücken in Butter glasig braten. Die Gartenkräuter mit Salz, Zucker und etwas Öl marinieren.
Die Poweraden halbieren und gemeinsam mit dem Kaninchenrücken anrichten.

Steigenberger Weinempfehlung

1999 Byron, Pinot Noir, Santa Maria Valley, Kalifornien, USA

Desserts

Eingerichtet in einem ehemaligen Kapuzinerkloster, ist das Hotel Steigenberger Badischer Hof in Baden-Baden bereits seit Beginn des 19. Jahrhunderts ein Treffpunkt der internationalen Gesellschaft. Wer das stilvolle Hotel betritt, wird von dessen Offenheit und Wärme, seiner Mischung aus Historie und Moderne, gefangen genommen. Umgeben vom Grün des hoteleigenen Parks, bieten Thermal-Becken und zahlreiche Wellness-Einrichtungen beste Voraussetzungen, um Stress und Hektik des Alltags zu vergessen.

Waldbeerterrine
im Baumkuchenmantel

Zutaten

200 ml Sahne

100 g Beeren

4 Blätter Gelatine

40 g Zucker

2 cl Himbeergeist

1 Spritzer Zitronensaft

4 Baumkuchenmäntel (erhältlich in jedem guten Delikatessengeschäft)

Vanillesauce (s. Glossar)

Erdbeeren

Zubereitung

Die Gelatine in Wasser einweichen. Die Sahne aufschlagen und Zucker, Zitronensaft und Himbeergeist dazugeben. Die Beeren mit dem Pürierstab pürieren und unter die Sahne heben. Die aufgelöste Gelatine unter die Sahne ziehen und in den Baumkuchenmantel füllen. Im Kühlschrank kalt stellen.

Die Terrine muss mindestens eine Stunde gekühlt werden, bevor sie gestürzt und angerichtet werden kann. Mit Erdbeeren und Vanillesauce garnieren.

Steigenberger Weinempfehlung 2001 Sasso Doro, Vin Santo di Chianti Classico, Il Colombaio di Cencio, Gaiole, Chianti, Italien

Im Ahrtal, dem nördlichsten Rotweinanbaugebiet Deutschlands, liegt Bad Neuenahr-Ahrweiler mit seinen weißen Prachtbauten aus der Gründerzeit, historischen Fachwerkhäusern und gemütlichen Weinstuben. Das Steigenberger Hotel, eines der architektonisch reizvollsten Häuser Bad Neuenahrs, befindet sich mitten im Ortszentrum, direkt an der Ahr und vis-à-vis der Spielbank. Ob Entspannen im angeschlossenen Wellness-Zentrum oder Tagen und Konferieren im Tagungsbereich für bis zu 800 Personen – das attraktive Haus bietet für jeden Geschmack etwas.

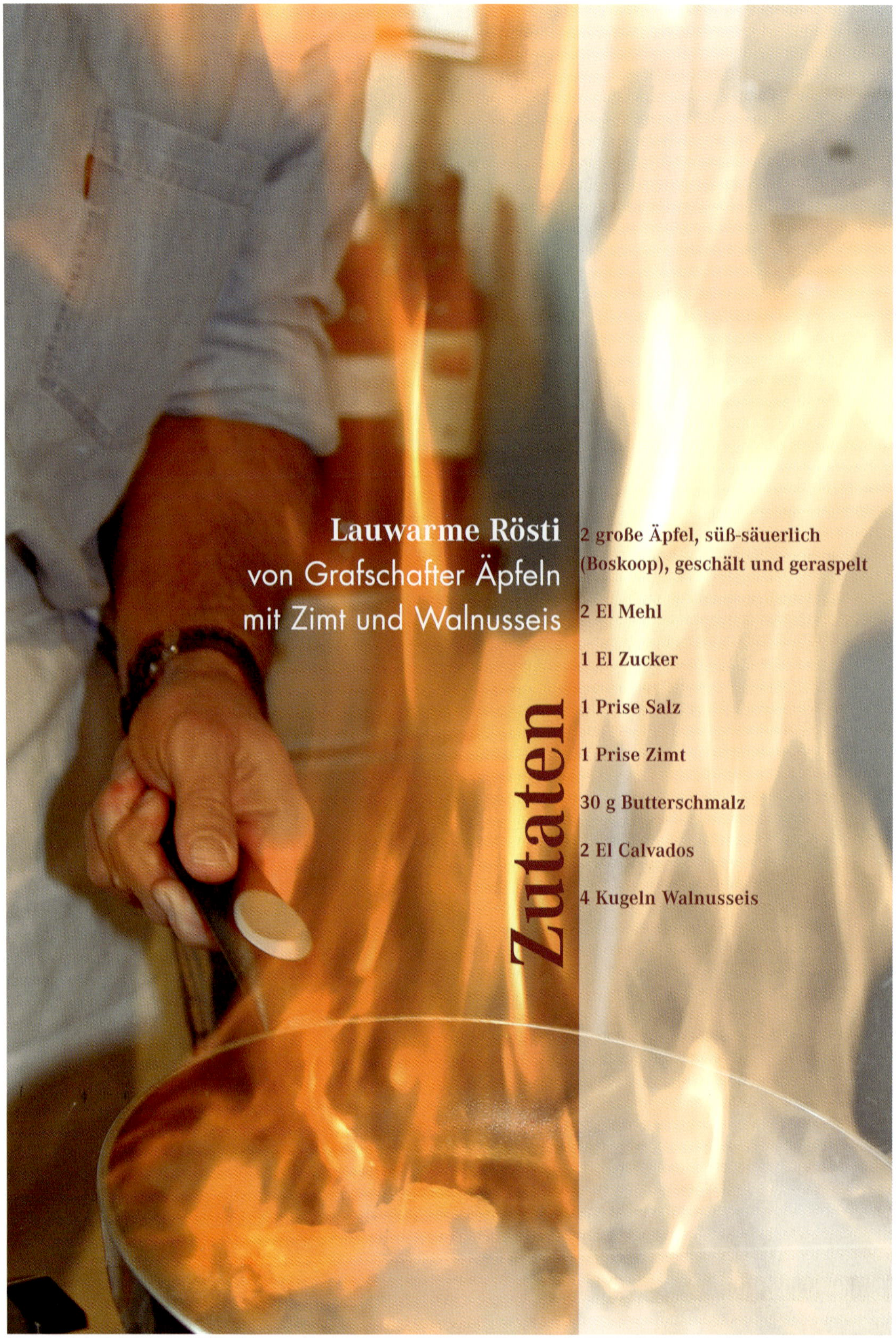

Lauwarme Rösti

von Grafschafter Äpfeln mit Zimt und Walnusseis

Zutaten

- 2 große Äpfel, süß-säuerlich (Boskoop), geschält und geraspelt
- 2 El Mehl
- 1 El Zucker
- 1 Prise Salz
- 1 Prise Zimt
- 30 g Butterschmalz
- 2 El Calvados
- 4 Kugeln Walnusseis

Zubereitung

Die Apfelraspel mit Mehl, Zucker, Salz und Zimt vermengen.

Kleine Häufchen (je ca. 1 gehäufter El) formen und in einer Pfanne in Butterschmalz bei mittlerer Hitze kurz anbraten.

Zu Talern flach drücken (ca. 1 cm stark) und weiter braten, nach ca. 2 Min. wenden und weitere 2 Min. braten.

Zum Schluss einen Schuss Calvados in die Pfanne geben und flambieren. Mit Walnusseis servieren.

Steigenberger Weinempfehlung

2003 Walporzheimer Gärkammer, Spätburgunder Auslese trocken, Weingut Adeneuer, Ahr, Deutschland

Als anno 1837 der Apotheker Leopold Koch die erste Sole-Badeanstalt in Bad Orb errichtete, begann die Geschichte eines ungewöhnlichen Kurortes, der heute einen Spitzenplatz unter den Heilbädern einnimmt. Sole, Gesundheit und Wellness stehen auch im Steigenberger Hotel Bad Orb im Mittelpunkt: Im angeschlossenen Kurmittelzentrum erwarten den Gast neben den klassischen Thermalsolebecken zahlreiche Gesundheitsangebote sowie das Bionouvelle-Beauty-Zentrum, das mit einem ganzheitlichen Schönheitsprogramm Körper, Geist und Seele verwöhnt.

Erdbeer-Chalotte

mit frischen Waldfrüchten

Zutaten

4 Blätter Gelatine
100 g Erdbeeren
170 ml Sahne
170 ml Milch
2 Eigelb
50 g Zucker
1 Vanilleschote
4 Löffelbiskuits
4 Blatt Minze
4 Tl Puderzucker
Waldfrüchte zum Garnieren

Zubereitung

Kleine Förmchen oder eine Auflaufform mit Löffelbiskuits auslegen. Die Gelatine in Wasser einweichen, die Erdbeeren mit dem Mixstab pürieren. Die Sahne steif schlagen. Die Milch mit einer Vanilleschote zum Kochen bringen. Das Eigelb mit dem Zucker schaumig schlagen, die Milch dazugießen und im siedenden Wasser zur Rose abziehen (s. Glossar). Die Gelatine zugeben und die Masse langsam kalt rühren. Kurz vor dem Stocken die geschlagene Sahne und das Erdbeerpüree zugeben. Alles in die vorbereiteten Förmchen füllen und im Kühlschrank kalt stellen. Nach dem Erkalten die Förmchen stürzen oder bei einer großen Form Nocken ausstechen. Mit frischen Waldfrüchten, etwas geschlagener Sahne und Minze garnieren und mit Puderzucker bestreuen.

Steigenberger Weinempfehlung

Henriot Champagne Brut Souverain, Champagne, Frankreich

Das Steigenberger Axelmannstein in Bad Reichenhall gehört zu den glanzvollen Kur- und Feriendomizilen in den bayerischen Alpen. In stilvoller Umgebung bietet das traditionsreiche First-Class-Hotel fast unbegrenzte Möglichkeiten – sowohl für einen erholsamen Kuraufenthalt als auch für sportliche Herausforderungen. Tennisplatz und Putting Green laden im weitläufigen Hotelpark zum aktiven Zeitvertreib ein. Darüber hinaus verwöhnen Beauty-Farm sowie Bäder- und Massageabteilung den Gast ebenso wie das Aslan-Gesundheitszentrum direkt im Haus.

Soufflé
von Reichenhaller Ziegenfrischkäse

Zutaten

- 2 Eigelb
- 20 g Zucker
- 20 g Ziegenfrischkäse
- 60 g Quark
- 3 Eiweiß
- 40 g Zucker
- 200 g Mehl
- etwas Weizenpuder

Zubereitung

Das Eigelb mit dem Zucker schaumig rühren.

Den Ziegenfrischkäse und den Quark mit etwas Weizenpuder vermengen, bis eine glatte, nicht zu dicke oder zu dünne Masse entsteht. Die Eigelb-Zucker-Masse hinzufügen.

Das Eiweiß und den Zucker zu steifem Schnee schlagen und unter die Käsemasse heben.

Mit Mehl bestäuben und in gebutterte und gezuckerte Förmchen füllen.

Bei 200 °C ca. 20 bis 25 Min. backen.

Steigenberger Weinempfehlung

2004 Winninger Röttgen, Riesling Auslese, Freiherr von Heddesdorff, Winningen, Mosel, Deutschland

Im Steigenberger Airport Hotel am Frankfurter Flughafen trifft sich die ganze Welt. Reisende aller Herren Länder schätzen das quirlige Business-Hotel als wahre Oase im Business- und Reisestress. Das avantgardistische Ambiente, der luxuriöse Spa-Bereich mit Blick auf Start- und Landebahnen des Frankfurter Flughafens, die überdurchschnittlich großen Tagungs- und Kongressräume – all dies überzeugt internationale Reisende jeden Tag erneut. Kulinarische Vielfalt bieten vier Restaurants – von Fine Dining bis Frankfurter Küche. Das Gourmetrestaurant Faces beispielsweise besticht durch ungewöhnliche, asiatisch beeinflusste Speisen und eine aufregende Einrichtung. Das Steigenberger Airport Hotel ist eine Welt für sich.

Espuma-Schokoladenschaum mit Minzgelee

und frischen Waldbeeren

Zutaten

- 200 ml Milch
- 200 ml Sahne
- 240 g Vollmilchkuvertüre
- 120 g Zucker
- 4 Blätter Gelatine
- 2 cl Schokoladenlikör
- 80 g Himbeeren
- 80 g Heidelbeeren
- 80 g Brombeeren
- 1 Bund Minze
- 100 g Minzgelee

Zubereitung

Gelatine in Wasser auflösen. Milch, Sahne und Zucker aufkochen, die Schokolade in der Flüssigkeit auflösen und anschließend die Blattgelatine unterheben. Die Masse rühren und kalt stellen. Später in den Espuma (s. Glossar) abfüllen und im Kühlschrank ruhen lassen. Die Waldbeeren waschen, putzen und in Zucker wälzen.

Espumaflasche aufschäumen (alternativ mit einem Haushaltsmixer schaumig schlagen) und den Schaum im Glas anrichten. Das Minzgelee und die gezuckerten Beeren vorsichtig auf dem Espumaschaum anrichten, danach mit Schokoladenlikör aufgießen und mit frischer Minze garnieren.

Steigenberger Getränkeempfehlung

Hennessy Fine de Cognac (VSOP)

An einem der wichtigsten Finanzplätze der Welt – liebevoll „Mainhattan“ genannt – befindet sich hinter historischer Fassade das Steigenberger Hotel Metropolitan. Die Kombination aus innovativer Funktionalität und gediegener Eleganz mit modernen Designelementen schafft eine wohltuende Atmosphäre. Aufgrund der zentralen Lage im Herzen Frankfurts am Main sind Messen, Bankenviertel sowie die historischen Sehenswürdigkeiten vom noblen Steigenberger Hotel Metropolitan aus schnell zu erreichen.

Apfeltarte

Zutaten

150 g Butter

100 g Zucker

300 g Äpfel (Golden Delicious)

1 Päckchen Blätterteig aus dem Kühlregal

Zubereitung

Eine gusseiserne Pfanne (ca. 18 cm Durchmesser) mit 100 g Butterflocken füllen und 50 g Zucker darüberstreuen. Äpfel schälen, Kerngehäuse ausstechen und in Viertel schneiden. Die Pfanne damit füllen, dabei die Äpfel so dicht wie möglich hineindrücken. Mit dem übrigen Zucker bestreuen, die restliche Butter zerlassen und darübergeben. 10 Min. bei mittlerer Hitze garen; der Zucker auf dem Boden der Pfanne soll karamellisieren, aber hellbraun bleiben.
Den Blätterteig auf leicht bemehltem Untergrund auf die Größe des Pfannenbodens zuschneiden.
Die Teigplatte auf die Äpfel legen, den Teigrand am Pfannenrand entlang hineindrücken.
Den Teig mit einer Gabel leicht löchern.
Alles im vorgeheizten Backofen bei 180 °C 15 Min. backen. Den lauwarmen Teig auf eine Platte stürzen.
Als Beilagen eignen sich am besten Vanilleeis und geschlagene Sahne.

Steigenberger Weinempfehlung 1998 Veuve Clicquot Rich Reserve

Eingebettet in die typische Boddenlandschaft am Nationalpark Jasmund finden Sportbegeisterte und Naturliebhaber auf Rügen ein wahrhaft idyllisches Domizil: Das Steigenberger Resort Hotel mit seinem liebevoll restaurierten Gutsherrenhaus, dem modernen Hoteltrakt und einem Feriendorf lässt keine (Urlaubs-)Wünsche offen. Es ist der ideale Ausgangspunkt für Entdeckungsreisen ins Innere der Insel und begeistert als Familien-, Urlaubs- und Wohlfühlhotel mit Beauty- und Wellness-Center sowie der großzügigen Jasmund Therme mit Riesenrutsche und Kinderclub.

Sanddorn-Mousse
mit Pflaumensauce

Zutaten

- 200 g weiße Kuvertüre
- 6 cl Eierlikör
- 200 ml Sanddornsirup (Reformhaus)
- 30 g Vanillezucker
- 5 Eigelb
- 5 Eiweiß
- 50 g Zucker
- 150 ml Sahne, frisch geschlagen
- 3 Blätter weiße Gelatine
- 100 ml Pflaumensaft
- 3 El Pflaumenmus

Zubereitung

Die Kuvertüre im Wasserbad auflösen. Den Eierlikör und den Sanddornsirup unterrühren. Das Eigelb mit dem Vanillezucker schaumig schlagen, bis der Zucker vollständig gelöst ist. Die Sahne und das Eiweiß separat steif schlagen und die aufgelöste Gelatine dazugeben. Die Kuvertüre in das geschäumte Eigelb einrühren, anschließend die geschlagene Sahne und danach das steif geschlagene Eiweiß unterheben. In eine rechteckige Form geben und im Kühlschrank 2 bis 3 Std. erstarren lassen. Die Mousse mit Folie abdecken.
Pflaumensaft mit Pflaumenmus verrühren, die Mousse als Nocken abstechen und mit der Pflaumensauce anrichten.

Steigenberger Weinempfehlung 1997 Barolo D.O.C.G.
Riserva Castello, Cantina Terre del Barolo, Piemont, Italien

Menüs

Am 14. September 1850 skizzierte Richard Wagner zum ersten Mal die Idee eines Festspiels, die ihn von da an nicht mehr losließ. 1876 fanden die ersten Bayreuther Festspiele statt.

Bereits seit 1979 liegt die gesamte Festspiel-Gastronomie vor Ort in Steigenberger-Händen. Rund 100 Mitarbeiter, darunter allein 20 Köche, kümmern sich Jahr für Jahr während der Festspielsaison um das kulinarische Wohl der Gäste. Zu den Lokalitäten gehört ein Künstler-Restaurant, das bereits von Mitte Juni an für die Künstler, die aus aller Welt zu den Proben anreisen, geöffnet ist. Des Weiteren ein À-la-carte-Restaurant, das zur Premiere eröffnet und 700 Innen- sowie 140 Terrassenplätze bietet, und ein großer Selbstbedienungsbereich mit Café, Bar und zahlreichen Verkaufsständen.

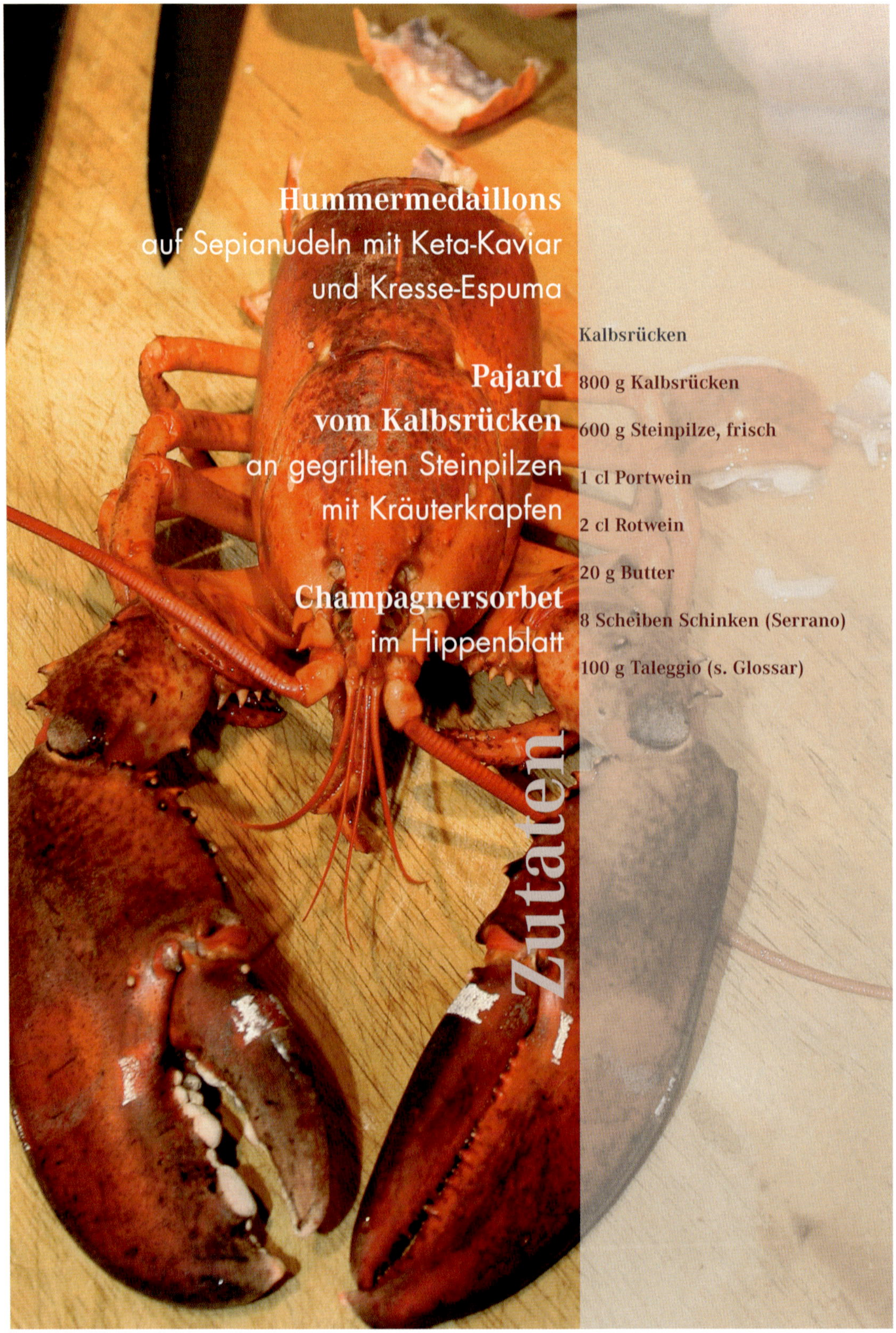

Hummermedaillons
auf Sepianudeln mit Keta-Kaviar
und Kresse-Espuma

Pajard
vom Kalbsrücken
an gegrillten Steinpilzen
mit Kräuterkrapfen

Champagnersorbet
im Hippenblatt

Zutaten

Kalbsrücken

800 g Kalbsrücken
600 g Steinpilze, frisch
1 cl Portwein
2 cl Rotwein
20 g Butter
8 Scheiben Schinken (Serrano)
100 g Taleggio (s. Glossar)

Zubereitung Vorspeise

Sepianudeln

200 g Mehl, 2 Eier, 2 El Olivenöl, 1 Prise Salz, 1/2 Tl Sepiatinte (erhältlich im Asia-Laden)

Teig aus allen Zutaten erstellen und vor dem Ausrollen 2 Std. ruhen lassen. Aus dem Teig Nudeln formen.

Kresse-Espuma

100 g Brunnenkresse, 80 g Crème fraîche, 100 ml Sahne, 100 ml Fischfond (s. Glossar), Salz, Pfeffer, Zitronensaft, Pernod, Noilly Prat

Die Brunnenkresse im Fischfond kochen, danach mixen und passieren.
Mit Sahne und Crème fraîche abschmecken und würzen.
Anschließend heiß in den Espuma-Spender füllen und zwei Patronen einschließen.

Hummermedaillons

2 Hummer, 250 g Nudeln, Keta-Kaviar, Fischfond (s. Glossar)

Hummer ca. 15 Min. im Fischfond kochen, ausbrechen und säubern.
Portionierte Hummermedaillons an die gekochten Sepianudeln legen und mit Keta-Kaviar garnieren.
Lauwarmes Kresse-Espuma kurz vor dem Servieren auftragen.

Zubereitung Hauptspeise

Kräuterkrapfen

900 g Kartoffeln, mehlig kochend, 120 ml Milch, 20 g Butter, 80 g Mehl, 2 Eier, frische Kräuter, gehackt, Salz, Pfeffer, Muskat

Geschälte Kartoffeln kochen und passieren. Milch und Butter aufkochen, mit Mehl bestäuben und die Eier einrühren. Den Teig unter die Kartoffeln geben und mit Salz, Pfeffer und Muskat würzen. Anschließend mit frischen, gehackten Kräutern verfeinern. Mit einem Löffel Nocken ausstechen und bei 180 °C Umluft 15 Min. im Ofen backen oder in der Fritteuse ausbacken.

Kalbsrücken

Kalbsrücken längs aufschneiden und mit Serrano-Schinken und Taleggio füllen. Rollen, binden und scharf in der Pfanne anbraten. Ca. 25 Min. bei mittlerer Hitze im Ofen fertig garen. Den Bratenfond mit Rotwein und Portwein ablöschen und mit der Butter montieren (s. Glossar). Steinpilze putzen, in Scheiben schneiden und in Olivenöl braten.

Steigenberger Weinempfehlung 2004 von Buhl, Riesling Kabinett trocken, Reichsrat von Buhl, Deidesheim, Pfalz, Deutschland

Champagnersorbet

**200 ml Champagner,
100 g Marzipan,
80 g Zucker und etwas
Salz, Saft einer Zitrone,
4 Brombeeren zum
Garnieren**

Alle Zutaten außer dem Champagner aufkochen und dann in der Eismaschine oder im Eisfach frosten. Nach und nach den Champagner zugeben.

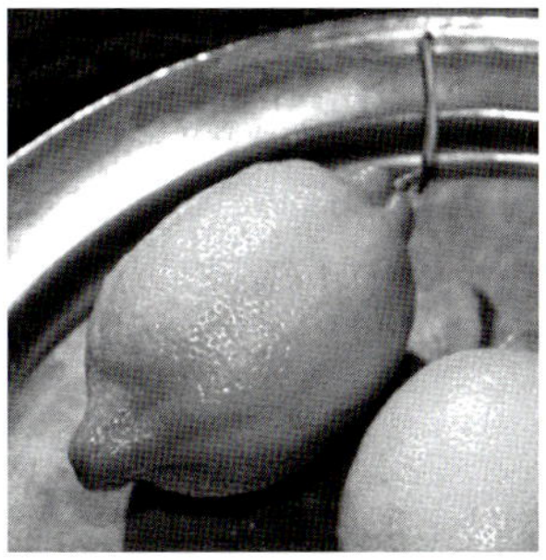

Hippenmasse

**100 g Marzipan,
60 g Puderzucker,
30 g Mehl, 1 Eiweiß**

Einen glatten Teig herstellen und die Masse in gewünschter Form ausstreichen. Bei 180 °C backen.

Zubereitung Dessert

International, anspruchsvoll und abwechslungsreich – das gilt für den Wintersportort Davos ebenso wie für das Steigenberger Belvédère, das 1875 erbaute Grandhotel. Das Fünf-Sterne-Domizil verbindet große Vergangenheit mit lebendiger Gegenwart und empfiehlt sich mit unaufdringlicher Eleganz, aufmerksamem Service und vollendeter Gastlichkeit. Einmal jährlich findet hier das hochkarätige World Economic Forum statt, mit prominenten Teilnehmern aus aller Welt. Besonders ansprechend ist im Steigenberger Belvédère die völlig neu gestaltete Wellness-Landschaft, die von Schwimmbad über Saunen bis zu Massage- und Fitnessräumen alle Möglichkeiten für aktives Relaxen bietet.

Carpaccio
von hausmariniertem Saiblingfilet mit schwarzen Trüffeln und Pesto an Salaten

Davoser Milchlamm
an einem Bergthymian-Jus auf gegrilltem Zucchini-Geflecht mit Rahmpolenta und glasierten Karottenperlen

Ofenfrische Heidelbeer-Jalousie
mit Vanille-Waldhonig-Eis und Kirschlikör-Zabaione

Zutaten

Milchlamm

Lammcarré à 400 g

Salz, frisch gemahlener Pfeffer und Olivenöl

2 Thymianzweige

2 Knoblauchzehen

100 ml Bergthymianfond (s. Glossar)

Salatdressing

**2 El weißer Aceto Balsamico,
6 El Olivenöl extra vergine,
Trüffelöl je nach Geschmack,
Rinderfond (s. Glossar), Salz,
frisch gemahlener Pfeffer**

Den weißen Aceto Balsamico mit Salz und Olivenöl verrühren, den Rinderfond dazugeben, mit dem Trüffelöl und frisch gemahlenem Pfeffer abschmecken.

Zubereitung Vorspeise

Saibling

350 g Saiblingfilet, ohne Haut pariert, 40 g Pesto (s. Glossar), 12 g schwarze Trüffel, frisch, 100 ml Rinderfond (s. Glossar), Salz, frisch gemahlener Pfeffer, 250 g verschiedene saisonale Blattsalate

Die Saiblingfilets enthäuten und die Filets nebeneinander auf eine Klarsichtfolie legen (je nach Dicke der Filets evtl. auf der Folie leicht plattieren). Den frischen Pesto dünn und gleichmäßig auf die Filets verteilen, den schwarzen Trüffel in dünne Scheiben schneiden und ebenfalls auf die Filets legen. Mit Hilfe der Klarsichtfolie die Filets einrollen und im Tiefkühler gefrieren lassen. Die Saiblingsfilets vor dem Anrichten leicht auftauen lassen und in dünne Scheiben schneiden. Mit Blattsalaten anrichten.

Foto: Deutsche See

Zubereitung Hauptspeise

Lamm

Lammcarré parieren, Knochen abschaben und mit Thymianzweigen, Knoblauchzehen und Olivenöl marinieren. Mit Salz und frisch gemahlenem Pfeffer würzen, in Olivenöl anbraten, mit Bergthymianfond ablöschen und im Ofen bei 180 °C in ca. 15 Min. rosa garen.

Zucchinigeflecht

200 g Zucchini, Olivenöl, Salz, frisch gemahlener Pfeffer

Zucchini der Länge nach in Scheiben schneiden und grillen. Die gegrillten Scheiben der Länge nach halbieren, das Kerngehäuse entfernen, sodass die Streifen ca. 1 cm breit sind. Zucchini flechten, mit einem Ring (10 cm Durchmesser) ausstechen und auf ein Ofenblech platzieren. Mit Salz und frisch gemahlenem Pfeffer würzen, anschließend mit Olivenöl beträufeln. Das Zucchinigeflecht im Ofen erwärmen.

Glasierte Karottenperlen

200 g Karotten, 10 g Butter, Wasser oder helle Bouillon, Salz, weißer Pfeffer und Zucker

Karotten schälen und Perlen ausstechen, pro Person neun Stück. Sauteuse (kleiner Stieltopf) ausbuttern, Karottenperlen und Zucker zufügen, leicht andünsten. So viel Wasser oder helle Bouillon zugeben, dass die Karotten knapp bedeckt sind, würzen, zudecken und knapp weich garen. Deckel entfernen, Flüssigkeit sirupartig einkochen und das Gemüse durch Schwingen überglänzen.

Bündner Rahmpolenta

250 ml Milch, 150 ml Sahne, Salz, weißer Pfeffer, frisch gemahlen, 1 Lorbeerblatt, 90 g grober Maisgrieß, 10 g Butter, 10 g Parmesan, gerieben

Milch und Sahne mit dem Lorbeerblatt in einem Kochtopf aufkochen, mit Salz und frisch gemahlenem weißen Pfeffer würzen. Groben Maisgries einrühren und nochmals aufkochen. Im Wasserbad zugedeckt 2 bis 3 Std. ziehen lassen, evtl. Milch dazugeben. Butter und geriebenen Parmesan beigeben, gut durchrühren, Konsistenz überprüfen und abschmecken.

Steigenberger Weinempfehlung

2003 Aigle les Murailles, Henri Badoux, Schweiz

Heidelbeer-Jalousie

190 g Blätterteig, 80 g Heidelbeeren, 1 El Schraps (Biskuitboden, getrocknet und gemahlen), 1 El Haselnüsse, gemahlen, 20 g Zucker, 1 Vanilleschote, ausgekratzt, Zitronenzeste (geriebene Zitronenschale), 1/2 Biskuitboden, 40 g Marzipan, 1 Ei, 30 g Aprikosengelee

Blätterteig 3 mm dick ausrollen. Für den Boden 8 cm und für den Deckel 14 cm breite Streifen schneiden. Den Deckel zusammenklappen und mit einem Messer in Zentimeter-Abständen einschneiden. Blätterteigboden auf ein Ofenblech legen und die Mitte des Bodens mit 4 cm breiten, dünnen Biskuitbahnen der Länge nach belegen. Mittels einer Lochtülle beidseitig der Biskuitbahnen das weich gemachte Marzipan aufspritzen. Heidelbeeren, Schraps, Haselnüsse, Zucker, Vanille und Zitronenschalen mischen und in der Mitte gleichmäßig verteilen. Den Boden seitlich mit Ei bestreichen, mit dem Blätterteigdeckel abschließen, gleichmäßig mit Ei bestreichen und ruhen lassen. Bei guter Unterhitze im 200 °C warmen Ofen backen. Aprikosengelee abglänzen, portionieren und möglichst lauwarm servieren.

Zubereitung Dessert

Vanille-Waldhonig-Eis (1 Liter)

250 ml Milch, 250 ml Sahne, 1/2 Vanilleschote, 120 g Zucker, 20 g Waldhonig, 6 Eigelb

Milch mit Sahne, Honig und halbierter Vanilleschote aufkochen und von der Kochstelle nehmen. Zucker und Eigelb mit einem Teil der warmen Milch mischen, in die Milch-Rahm-Masse einrühren und zur Rose abziehen (s. Glossar). Auskühlen lassen, Vanilleschote entfernen, auskratzen und die Samen der Milch-Sahne-Masse beigeben. Im Eisschrank gefrieren und mit einem Eis-Portionierer schöne Kugeln formen.

Kirschlikör-Zabaione

80 ml Weißwein, 60 ml Kirschlikör (Röteli), etwas Zitronensaft, 80 g Zucker, Eigelb, 1 Ei

Zucker, Eigelb, Ei, etwas Zitronensaft, Weißwein und Röteli in eine feuerfeste Schüssel geben und im Wasserbad warm aufschlagen.

Die im Oktober 1999 in Ägypten eröffnete Fünf-Sterne-Anlage Steigenberger Golf Resort El Gouna liegt in einer der schönsten Feriendestinationen am Roten Meer auf einer 36.000 Quadratmeter großen Halbinsel mit hoteleigenem Lagunenstrand und Golfplatz. Die Hotelanlage wurde von dem vielfach ausgezeichneten amerikanischen Architekten Michael Graves entworfen. In einer Kombination aus maurischen Stilelementen und modernem Design fügen sich die Gebäude harmonisch in die Lagunenlandschaft. In den vorherrschenden Erd- und Sandtönen spiegeln sich das typische Licht und die Stimmung der Wüste wider.

Tabouleh

Gebratenes Rotbarbenfilet
mit Karkade-Limonen-Buttersauce, grünen Spargelspitzen und Fettuccine

Um Ali

Zutaten

Rotbarbenfilet

8 Rotbarbenfilets mit Haut, ohne Gräten

100 ml Karkade (starker Malven-/Hibiskustee – eine ägyptische Spezialität)

100 ml Weißwein

50 g Schalotten

50 ml Limonensaft

100 g kalte Butter

50 ml Sahne, geschlagen

1 El Zucker

20 grüne Spargelspitzen

200 g Fettuccine

Tabouleh

200 g Bulgur (s. Glossar), 500 ml kaltes Wasser, 5 Bund Petersilie, gehackt, 1 Bund Frühlingszwiebeln, fein gehackt, 1 Bund Pfefferminze, fein gehackt, 60 ml Olivenöl, 2 El Zitronensaft, 1/2 Tl Salz, 1/2 Tl frisch gemahlener schwarzer Pfeffer, 2 reife Tomaten, frische Salatblätter, 60 ml Zitronensaft vermischt mit 1/2 Tl Salz

Zubereitung Vorspeise

Den Bulgur mit kaltem Wasser in einer Schüssel für ca. 30 Min. einweichen. Durch ein Sieb abgießen und dann in einem Tuch kräftig auspressen. In der Zwischenzeit die Petersilie waschen, trockenschleudern und die Blätter abzupfen. In den Kühlschrank legen. Den Bulgur mit den Frühlingszwiebeln in eine Schüssel geben, vermischen und etwas ziehen lassen. Petersilie und Minze grob hacken und unter den Bulgur mischen. Olivenöl mit dem Zitronensaft verrühren, Salz und Pfeffer zugeben. Über den Salat geben und vermischen. Tomaten schälen und entkernen, in Würfel schneiden und unter den Salat geben. Für mindestens 1 Std. in den Kühlschrank stellen und ziehen lassen. In einer Salatschüssel mit frischen Salatblättern servieren. Die Zitronensaft-Salz-Mischung extra servieren, sodass man sie nach Geschmack verwenden kann.

Zubereitung Hauptspeise

Die fein gehackten Schalotten in etwas Butter in einem kleinen Topf anschwitzen und den Zucker beigeben. Leicht karamellisieren lassen und mit dem Limonensaft ablöschen. Einkochen lassen, den Weißwein unterrühren und weiter einkochen lassen. Mit der Karkade auffüllen und wieder einkochen, bis nur noch ein Viertel der Flüssigkeit übrig ist.

Die restliche Butter in Würfel schneiden und mit dem Schneebesen langsam in die Karkadesauce rühren. Warm stellen.

Die Rotbarbenfilets mit Salz, Pfeffer und Limonensaft würzen, leicht mit Mehl bestäuben und in Olivenöl auf beiden Seiten anbraten. Den Fisch auf eine Platte geben und im Ofen bei 180 °C etwa 4 Min. fertig garen lassen.

Die grünen Spargelspitzen 12 Min. kochen, anschließend vorsichtig in Butter erhitzen und mit Salz, Pfeffer und etwas Zucker würzen. Nudeln kochen, danach in Butter schwenken und mit Salz abschmecken. Den Spargel, die Nudeln und die Fischfilets auf einem vorgewärmten Teller anrichten.

Die geschlagene Sahne vorsichtig unter die Karkadesauce heben und diese halb über die Filets gießen. Mit frischen Kräutern und Limone garnieren und sofort servieren.

Steigenberger Weinempfehlung

1998 Gewürztraminer Comtes d'Eguisheim, Maison Léon Beyer, Elsass, Frankreich

Um Ali

200 g gefrorener Blätterteig, 100 g Rosinen, 50 g Walnüsse, gehackt, 50 g geröstete Mandeln, gehackt, 50 g ungesalzene geröstete Pistazien, gehackt, 500 ml Sahne, 600 ml kalte Milch, 2 El Stärke, 2 El Zucker

Zubereitung Dessert

Den Blätterteig auftauen und ausrollen. Im vorgeheizten Backofen (220°) backen, bis er gebräunt ist. Auskühlen lassen. Den Blätterteig leicht zerbrechen und in eine Auflaufform geben. Die Nüsse, Rosinen, Mandeln und Pistazien vermischen und über den Blätterteig streuen, zwei Esslöffel davon zunächst aufbewahren. Sahne, Milch, Zucker und Stärke vermischen und unter ständigem Rühren vorsichtig erhitzen, bis die Masse dickflüssig ist. Auskühlen lassen.

30 Min. vor dem Servieren die ausgekühlte Masse über den Blätterteig geben und im vorgeheizten Backofen (220 °C) ca. 20 Min. backen, bis der Auflauf leicht gebräunt ist. Mit den aufbewahrten Nüssen garnieren.

Ein Stück Lebensqualität erlebt der Gast im Steigenberger Frankfurter Hof: Seit 128 Jahren ist die „First Lady" der Hotels in Frankfurt beispielhaft für Luxus und Komfort. Obwohl die Annehmlichkeiten der modernen Zeit inzwischen Einzug gehalten haben, wird die Pracht vergangener Tage in dem unter Denkmalschutz stehenden Gebäude sorgsam bewahrt. Mit dem Gourmetrestaurant Français, dem japanischen Spezialitätenrestaurant Iroha, dem Café-Bar-Restaurant Oscar's und dem Hofgarten Restaurant kommen auch anspruchsvollste Gaumen auf ihre Kosten.

Cox Orange-Apfel mit Gänseleber gefüllt
auf Schalottenpüre

Rücken vom **Salzwiesenlamm**

Frankfurter Pudding

Zutaten

Salzwiesenlamm

800 g Lammcarré

Olivenöl

1 Thymianzweig

1 Rosmarinzweig

1 Knoblauchzehe, angedrückt

2 Schalotten

500 ml Geflügelfond (s. Glossar)

2 El Senf, grob

10 Tomaten, getrocknet

200 g Blauschimmel-Käse

Zubereitung Vorspeise

Cox Orange-Apfel mit Gänseleber gefüllt

200 g Gänsestopfleber, 100 ml Kalbsjus, 100 g Fleischbrät, Salz, Zucker, Pfeffer, 1 El Süßwein (Dessertwein), 1 El Portwein, 1 El Cognac, 4 kleine Cox Orange-Äpfel, 4 kleine Mangoldblätter

Gänseleber mit Alkohol und Gewürzen über Nacht marinieren. Bei den Äpfeln am Stielansatz einen Deckel abtrennen und mit einem Melonenausstecher die Äpfel aushöhlen; dabei einen 1 cm dicken Rand lassen. Den Mangold blanchieren und anschließend die marinierten Gänseleberwürfel einzeln in die Blätter einpacken. Die Mangold-Gänseleberwürfel mit Fleischbrät gleichmäßig bestreichen, in die Äpfel drücken. Mit der restlichen Farce den Apfel ausfüllen und den Deckel daraufsetzen. Alles im Ofen bei 180 °C ca. 8 Min. backen. Danach die Äpfel ca. 5 Min. ziehen lassen und anschließend halbieren.

Schalottenpüree

160 g Schalotten, geschält, 150 ml Sahne, 120 g Butter, etwas Salz, Pfeffer

Die Schalotten in Salzwasser garen. Das Wasser abgießen und mit Sahne und Butter auffüllen und einkochen lassen. Alles mit dem Mixer fein pürieren und mit Gewürzen abschmecken.

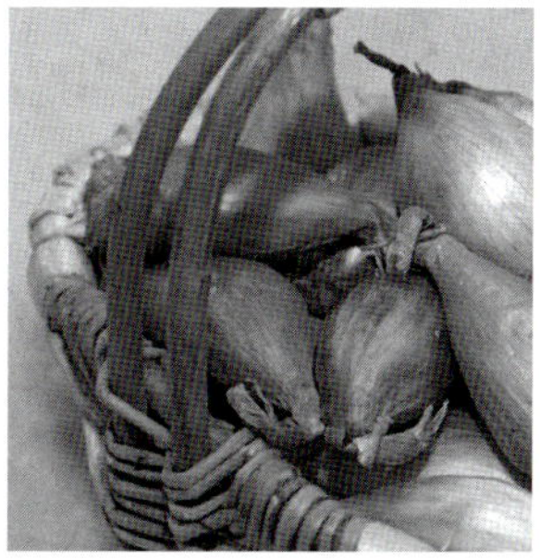

Zubereitung Hauptspeise

Foto: WMF

Das Salzwiesenlamm in Olivenöl anbraten, Öl abgießen und frisches Olivenöl zugeben.

Rosmarin, Thymian und Knoblauchzehe zufügen und auf der Fettseite im Ofen bei 200 °C 7 bis 8 Min. rosa braten.

Groben Senf, Blauschimmel-Käse und kleingeschnittene getrocknete Tomaten vermischen und auf das Fleisch geben.

Kurz unter dem Grill fertig braten.

Geflügelfond mit zwei Schalotten und einer gehackten Knoblauchzehe

auf 100 ml Sauce reduzieren lassen. Als Beilage eignet sich Gemüse der Saison.

Steigenberger Weinempfehlung Veuve Clicquot Vintage Rosé 1999

Frankfurter Pudding

3 Eier, 75 g Butter, 75 g Zucker, Vanille, Salz, 90 g Biskuitbrösel, 50 g Mandeln, gemahlen, 1 El Rum, 1 El Kirschwasser, Salz

Die Eier trennen. Das Eiweiß mit der Hälfte des Zuckers steif schlagen. Butter und Zucker, Vanille und Salz schaumig rühren. Nach und nach Eigelb, Biskuitbrösel, gemahlene Mandeln, Rum und Kirschwasser unterrühren. Den Eischnee unterheben und in gebutterte und gezuckerte Förmchen füllen. Diese im Wasserbad für ca. 22 bis 27 Min. bei 220 °C pochieren.
Je nach Jahreszeit ein Obstmus zubereiten und den Pudding daraufsetztzen.

Zubereitung Dessert

Im Herzen des österreichischen Nationalparks Hohe Tauern und der Europa-Sportregion Zell am See liegt das Steigenberger Hotel Kaprun. Das alpine Hotel ist das ideale Domizil für Bergfreunde, Naturliebhaber und Erholungsuchende. Die imposante Bergwelt und das ewige Eis des Kitzsteinhorns laden zu Wandertouren oder Wintersport ein. Und auch Golfspieler kommen auf dem nahe gelegenen Golfplatz voll auf ihre Kosten. Das Steigenberger Hotel Kaprun verwöhnt seine Gäste nach sportlich aktiven Tagen mit entspannenden Stunden im Wellness-Center, mit altchinesischen Gesundheitstherapien, Beauty-Anwendungen oder Massagen.

Kürbiscremesuppe
mit Paprikanockerln

Mit Bauerntopfen gefüllte
Schweinemedaillons
an Biersauce und
Erdäpfel-Gemüse-Gröstel

Schwarzbeertaschen
auf Schafsjoghurtsauce

Zutaten

Schweinemedaillons

- 12 Schweinemedaillons à 50 g
- 12 Scheiben roher Schinken
- 200 g Quark
- 1 Bund Schnittlauch
- Salz, Pfeffer
- 1 Zwiebel
- 4 Knoblauchzehen
- 250 ml Bier (Pils)
- 60 g Butter
- 1 Tl Kümmel, gemahlen

Kürbiscremesuppe

50 g Honig, 600 g Kürbisfleisch, 1 Zwiebel, fein geschnitten, 200 ml Weinessig, 250 ml Weißwein, 2 l Gemüsefond (s. Glossar), 100 g Kartoffeln, mehlig kochend, in Würfel geschnitten, 150 g Crème fraîche, Salz, Pfeffer

Den Honig in einem Topf erhitzen, damit er ein wenig nachbräunt. Den in 1 cm große Stücke geschnittenen Kürbis sowie die Zwiebel dazugeben und kurz an rösten. Mit Essig und Weißwein ablöschen und mit dem Gemüsefond aufgießen. Die Kartoffeln beigeben und alles ca. 30 Min. weich kochen lassen. Mit Salz und Pfeffer würzen.

Die Suppe nun beiseite stellen, Crème fraîche dazugeben und nicht mehr aufkochen lassen. Alles mit einem Mixer fein pürieren und durch ein feines Sieb passieren.

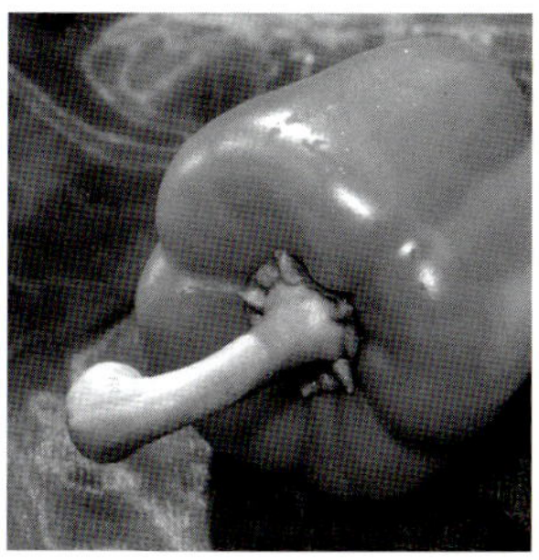

Zubereitung Vorspeise

Paprikanockerln

1 rote Paprika, 500 ml Wasser, 150 g Weißbrot (ohne Rinde), 1 Ei, 2 Eigelb, 50 g Butter, Salz, Pfeffer

Die Paprika halbieren, Strunk und Kerngehäuse entfernen, in Streifen schneiden und in leicht gesalzenem Wasser weich kochen. Wasser abseihen und die Paprika durch ein feines Sieb streichen, damit ein schönes Paprikamus entsteht.

Das kleinwürfelig geschnittene Weißbrot mit den übrigen Zutaten vermengen, weiche Butterflocken dazugeben und 30 Min. durchziehen lassen.

Die Masse dann mit dem Paprikamus verrühren und im Kühlschrank weitere 30 Min. ruhen lassen.

Mit einem kleinen Löffel Nockerln formen und diese in leicht köchelndem Salzwasser ca. 5 Min. ziehen lassen.

Zubereitung Hauptspeise

Erdäpfel-Gemüse-Gröstel

250 g Kartoffel, geschält und gekocht, 150 g blanchiertes Gemüse (Karotten, Blumenkohl, Kohlsprossen, Broccoli, grüne Bohnen), 40 g Butter, Salz, Pfeffer, etwas Knoblauch

Die in Scheiben geschnittenen Kartoffeln in Butter knusprig anbraten. Das in kleine Stücke geschnittene Gemüse kurz mitrösten und mit Salz, Pfeffer und etwas Knoblauch abschmecken.

Schweinemedaillons

Die Medaillons mit einem dünnen spitzen Messer seitlich einschneiden (es soll keine zu große Öffnung entstehen).
Den Bauerntopfen (Quark) mit Schnittlauch, Salz, Pfeffer und etwas Knoblauch abschmecken und mit einem Spritzbeutel mit Lochtülle oder einem Löffel in die Medaillons füllen. Anschließend mit rohem Schinken umwickeln und mit einem Zahnstocher fixieren. In einer Pfanne kurz anbraten und im Backofen bei 180 °C in 15 Min. fertig backen.
Anschließend das Fleisch herausnehmen und warm stellen.
In derselben Pfanne wird nun die Sauce zubereitet. Die fein geschnittene Zwiebel braun rösten, Knoblauch dazugeben und mit Bier aufgießen. Gemahlenen Kümmel untermengen und einkochen, bis sich die Sauce auf die Hälfte reduziert hat. Mit der kalten, in Würfel geschnittenen Butter montieren.

Steigenberger Getränkeempfehlung Radeberger Pilsner

Teig

500 g gekochte Kartoffeln, 150 g Mehl, 1 Prise Salz, 1 Prise Muskat, 2 Eigelb

Die gekochten Kartoffeln schälen, fein passieren und mit Mehl, Salz, Muskat und Eigelb zu einem Teig zusammenkneten. Diesen ca. 3 mm dünn ausrollen und 8 cm große Quadrate mit gezacktem Teigrad ausschneiden. Den Rand mit Eigelb bestreichen.

Füllung

250 g Heidelbeeren, 40 g Puderzucker, 30 g Walnüsse, gehackt, Saft von einer Zitrone

Für die Füllung die Zutaten mischen und davon je 1 Tl in die Mitte der Teigtaschen geben. Den Teig in der Mitte zusammenschlagen und die Ränder zusammendrücken, sodass schöne Taschen entstehen. Diese in leicht sprudelndem Salzwasser ca. 10 Min. kochen lassen.

Sauce

180 g Schafsjoghurt, 30 g Puderzucker, Saft von einer Zitrone, Saft von einer Orange, 80 g dicke Vanillesauce, 4 Minzblätter

Die heiße Vanillesauce mit Schafsjoghurt, Puderzucker, Orangensaft und Zitronensaft in einer Küchenmaschine mixen.

Zum Bestreuen

50 g Haselnüsse, gerieben, 2 Tl Kristallzucker

Haselnüsse leicht rösten und mit Zucker vermischen.

Zubereitung Dessert

Wie ein Staatsgast wohnen – wer möchte das nicht einmal? Das Gästehaus des Bundes hoch oben auf dem Petersberg-Plateau steht auch dem anspruchsvollen Privatgast zur Verfügung. Hier können im Steigenberger Grandhotel Petersberg Gäste nicht nur äußerst exklusiv logieren und konferieren, sondern auch den Naturpark Siebengebirge durchstreifen oder sich im nahe gelegenen Bonn auf der modernen Museumsmeile oder in der wunderschönen Altstadt umschauen. Danach lässt es sich in der lichtdurchfluteten Wellness-Landschaft des extravaganten Grandhotels ganz einfach herrschaftlich entspannen.

Geeister Schaum von Schlangengurke und Aquavit mit gebratenem **Westerwälder Bachsaibling**

Zweierlei von der **Bergischen Hofente** mit Püree von Zuckererbsen und Kartoffelblinis

Rheinische Schwarzbrotcreme mit Ahrburgunder-Sorbet und Gewürzorangen

Zutaten

Hofente

- 2 Enten à ca. 2,5 kg
- 4 Zwiebeln, 2 Äpfel und etwas getrockneter Majoran für die Füllung
- 2 Bund Suppen-/Röstgemüse
- 2 El Tomatenmark
- 400 ml Rotwein
- 800 ml Orangensaft
- 300 g Zwiebeln
- 200 g Karotten
- 4 Blätter Frühlingsrollenteig (aus dem Asia-Laden, ersatzweise Strudelteig)

Zubereitung Vorspeise

Bachsaibling

4 Saiblingfilets, 40 g Butter, 320 g Gurke, 40 g Joghurt, 40 ml Sahne, 4 cl Aquavit, 2 Blätter Gelatine, 80 g Friséesalat, 40 g Rucola, 40 g Radicchio, 1 Stängel Dill

Die Gurken pürieren und durch ein Sieb streichen. Den Gurkenfond mit Joghurt, Sahne, Dill, Aquavit und etwas Salz vermengen. Die Gelatine in Wasser einweichen, auflösen und unter die Masse mischen.

Die glatte Masse in einen Espuma (s. Glossar) geben. Kühl stellen. Das entgrätete und mit Salz gewürzte Saiblingfilet in schäumender Butter braten. Den Salat auf einem Teller anrichten und das Saiblingfilet darauf setzen.

Sauce in eine Schüssel füllen und dazugeben.

Zubereitung Hauptspeise

Püree von Zuckererbsen

800 g frische Erbsen, 100 ml Brühe, 40 g Schalotten, 60 g Butter, 1 Spritzer weißer Portwein, Salz, Pfeffer

Die Hälfte der Erbsen pulen, zusammen mit den Schalotten in etwas Butter anschwitzen, mit der Brühe angießen und gar kochen. Die Masse in eine Küchenmaschine geben, würzen, evtl. einen Spritzer weißen Portwein zugeben und fein mixen. Die restlichen Erbsen in Salzwasser blanchieren, abgießen, mit etwas Brühe und Butter anschwitzen, würzen.

Steigenberger Weinempfehlung

2002 Dernauer Burggarten, Spätburgunder Qualitätswein halbtrocken, Weingut Jean Stodden, Ahr, Deutschland

Bergische Hofente

Die Zwiebeln und die Äpfel in kleine Stücke schneiden und mit dem Majoran mischen.
Die vorbereiteten Enten von innen und außen mit Salz einreiben, mit der Masse füllen und binden. Bei ca. 160 °C für 45 Min. im Ofen garen und je nach Garpunkt weitere 20 Min. bei 180 °C garen. Erkalten lassen und auslösen. Die Brüste halbieren, das Fleisch von den Keulen ablösen und fein würfeln.
Die Karkassen (s. Glossar) zerkleinern und mit den Flügelknochen und dem Hals in Entenfett anrösten.
Das Röstgemüse hinzugeben und leicht tomatisieren (Tomatenmark einrühren), weiter rösten, anschließend abwechselnd mit Orangensaft und Rotwein ablöschen, bis der Saucen-Ansatz die gewünschte Farbe hat (keinesfalls dürfen die Zutaten zu dunkel angeröstet werden, da sonst ein bitterer Geschmack entsteht). Mit Wasser auffüllen, ca. 2 Std. auskochen lassen und anschließend passieren.
Das Keulenfleisch mit fein gewürfelten Zwiebeln und Karotten anschwitzen, etwas Fond angießen und einkochen lassen, bis ein kompaktes Ragout entstanden ist. Erkalten lassen.
Den restlichen Fond auf die gewünschte Menge reduzieren und evtl. mit einer Butterflocke binden. Das Ragout auf den Frühlingsrollenteig geben und diesen zu kleinen Röllchen formen. Mit Eigelb bepinseln und kurz vor dem Anrichten in heißem Fett ausbacken.
Dazu werden Kartoffelblinis (s. Glossar) serviert.

Schwarzbrotcreme

50 g Schwarzbrot, 4 Eigelb, 75 g Zucker, 1 Prise Zimt, 4 Blätter Gelatine, 2 cl Rum, 200 ml Sahne

Schwarzbrot mit einer Küchenmaschine fein mahlen. Eigelb, Zucker und Zimtpulver schaumig rühren. Gelatine in kaltem Wasser einweichen und zusammen mit dem Rum auflösen, unter die Eigelbmasse heben. Die geschlagene Sahne unterheben und in kleine Förmchen füllen, kalt stellen.

Gewürzorangen

4 Orangen, 1 Vanilleschote, 1 Zimtstange, 1 Nelke, 50 g Zucker, 1 El Speisestärke, Minze, Puderzucker

Die Hälfte der Orangen schälen und filetieren. Den Rest der Orangen auspressen und zusammen mit Vanilleschote, Zimtstange, Nelke und Zucker in einen Topf geben. Aufkochen und mit der angerührten Stärke abbinden. Die Flüssigkeit vom Herd nehmen und die Orangenfilets dazugeben.

Geeistes Sorbet

je 250 ml Ahrburgunder und Orangensaft, 300 ml Wasser, 50 ml Zitronensaft, je 2 Nelken und Zimtstangen, 300 g Zucker

Die Zutaten für den geeisten Ahrburgunder zusammen in einen Topf geben und aufkochen. Abkühlen lassen und in einer Eismaschine frieren. Falls Sie keine Eismaschine zur Hand haben, geben Sie die Masse in eine Metallschüssel und stellen sie in den Froster, wobei zu beachten ist, dass die Masse alle 15 Min. mit einem Schneebesen durchgerührt werden muss, bis das Eis eine cremige Konsistenz erreicht hat.

Zubereitung Dessert

Was einst als hölzernes Badehaus direkt am Nordseestrand von Scheveningen, dem Seebad der Residenz- und Regierungsstadt Den Haag, begann, entwickelte sich zu Hollands „guter Stubb“ – einem wahrhaft märchenhaften Hotel-Palast. Das heutige Steigenberger Kurhaus Hotel beeindruckt mit seiner historischen Fassade ebenso wie mit prächtigen Gemälden im großen Kurzaal. Für Wellness-Anhänger gibt es einen direkten Zugang zu den benachbarten Kuur Thermen Vitalizee mit modernen Thermal- und Thalasso-Einrichtungen.

Salat aus
Stellendamer Garnelen
mit Bohnen,
Stangensellerie und
Nussöl

Gebratenes
Glattbuttfilet
unter einer Kartoffelhaube
mit einer Vinaigrette
und Anchovis

In Aceto Balsamico
marinierte Erdbeeren
mit Vanilleeis
und Wodka-Sahne

Zutaten

Glattbuttfilet

- 4 Glattbuttfilets à 150 g
- 4 große Kartoffeln, geschält
- 1 Bund Petersilie
- 750 g frischer Spinat
- 10 g Anchovis-Filets
- 1 El Schalotten, fein gehackt
- 1 Tl Senf
- 5 Estragonblätter
- 50 ml Sonnenblumenöl
- 50 ml Olivenöl
- 40 ml Aceto Balsamico
- 50 ml kräftiger Fischfond (s. Glossar)

Zubereitung Vorspeise

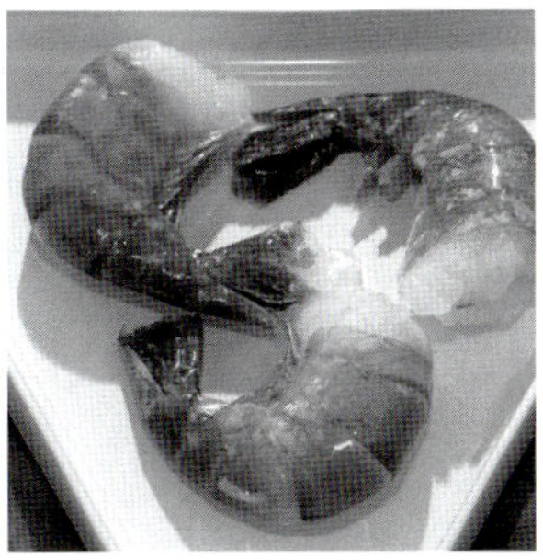

Garnelensalat

300 g (Stellendamer) Garnelen, 250 g Bohnen, 250 g Stangensellerie, 1 Apfel, 8 große Champignons, 60 ml Walnussöl, 1 Kopfsalat

Die Garnelen in Butter anbraten. Mit Salz und Pfeffer würzen. Bohnen und Sellerie waschen und alles in ca. 2 cm lange Stücke schneiden. Den Apfel schälen und in ähnlich große Stücke schneiden – sofort ein wenig Nussöl darübergeben, um einer Verfärbung vorzubeugen. Die Haut der Champignons entfernen und ebenfalls in Stücke schneiden. Bohnen und Sellerie al dente blanchieren und abgießen, aber nicht kalt abspülen! Anschließend Bohnen, Sellerie, Apfel und Champignons mit den Stellendamer Garnelen vermischen, noch etwas Walnussöl hinzugeben und anrichten.

Zubereitung Hauptspeise

Glattbutt

Die Kartoffeln in 3 bis 4 mm dünne Scheiben schneiden. Die Scheiben anschließend dachziegelartig auf das trockene Glattbuttfilet legen. Das Glattbuttfilet auf der Kartoffelseite in einer heißen beschichteten Pfanne goldgelb braten. Anschließend aus der Pfanne nehmen und in einem mäßig warmen Ofen (ca. 125 °C) 6 bis 8 Min. weitergaren lassen. Zum Schluss den Fisch leicht nachsalzen und mit neutralem Öl bestreichen.

Gemüse

Den Spinat mit den gehackten Schalotten einige Min. in heißem Öl braten, salzen, pfeffern und anschließend in einem Sieb gut abtropfen lassen.

Vinaigrette

Petersilie zupfen und mit dem Fischfond zu einer glatten Masse pürieren.

Öl, Essig und Senf zu einer Vinaigrette verrühren und einige Löffel Petersilienpüree hinzugeben. Estragon und Anchovis fein schneiden und an die Vinaigrette geben.

Mit Salz und Pfeffer aus der Mühle abschmecken.

Steigenberger Weinempfehlung

2002 Chablis 1er Cru A.C., Joseph Drouhin, Burgund, Frankreich

Marinierte Erdbeeren

**100 ml Aceto Balsamico, zur Hälfte reduziert, 2 El Honig,
250 ml Schlagsahne, 500 g Erdbeeren, 3 cl Wodka, 4 Kugeln Vanilleeis**

Die Erdbeeren waschen und mit reduziertem Essig und Honig marinieren. Ca. 10 Min. ruhen lassen. Schlagsahne dick (nicht steif) schlagen und den Wodka hinzugeben. Das Gericht mit einer Kugel Vanilleeis vervollständigen.

Zubereitung Dessert

Das Steigenberger Graf Zeppelin ist ein Hotel voller Tradition. Inmitten des Zeppelin-Carrés im Herzen der Schwabenmetropole Stuttgart gelegen wird es mit seiner Atmosphäre, seinem außergewöhnlichen Ambiente, seinem Service und seiner Küche höchsten Ansprüchen gerecht. Das hoteleigene Gourmet-Restaurant Olivo wurde bereits zum zweiten Mal in Folge mit dem begehrten Michelin-Stern ausgezeichnet. Ein erstklassiges Hotel zum Wohnen, Tagen, Feiern und anschließenden Relaxen im hauseigenen Shiseido Day Spa.

Schwäbische Kartoffelsuppe

Geschmortes Rindfleisch
in Rotweinsauce mit gebratenen Pilzen und Polenta

Warmes Schokoladentörtchen
mit Amarenakirschen, Gewürztraminer-Zabaione und Torrone-Eis

Zutaten

Rindfleisch

1 kg Rinderschulter

1 Flasche Rotwein

100 g Karotten

100 g Zwiebeln

50 g Knollensellerie

50 g Staudensellerie

50 g Lauch

1 Scheibe Speck

3 Knoblauchzehen

2 Lorbeerblätter, 2 Thymianzweige, 1 Rosmarinzweig, 3 Salbeiblätter

2 Nelken, 3 Wacholderbeeren

1 Tl Walnüsse, geschält

1/2 El Tomatenmark

1 El schwarze Pfefferkörner

etwas Orangenschale

Olivenöl

Salz, Pfeffer

Zubereitung Vorspeise

Kartoffelsuppe

30 g Knollensellerie, 300 g Kartoffeln, fest kochend, 30 g Speck, 50 g Lauch, gewürfelt, 500 ml Hühnerbrühe, 2 El Sonnenblumenöl, 1 Knoblauchzehe, Thymian und Lorbeer, Salz, Pfeffer, Muskat, Kartoffelchip (s. Glossar), Schnittlauch

Die geschälten Kartoffeln in Salzwasser kochen und abkühlen lassen. Das Gemüse in einem Topf mit dem Sonnenblumenöl und dem Speck farblos anschwitzen. Eine geschälte Knoblauchzehe, Thymian sowie Lorbeer dazugeben und mit der Hühnerbrühe aufgießen. Die Kartoffeln dazugeben. Mit Salz, Pfeffer und Muskat würzen. 15 Min. leicht kochen lassen.

Die Kräuter sowie den Knoblauch aus dem Topf nehmen und die Suppe mit einem Pürierstab pürieren. Mit einem Kartoffelchip und Schnittlauch garnieren.

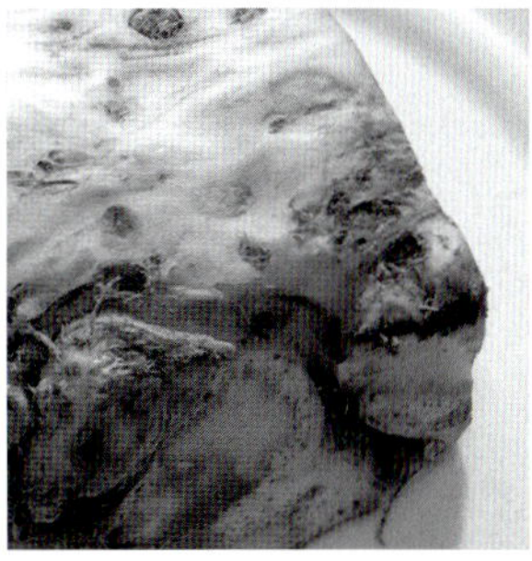

Pilze

300 g Pilze je nach Saison (Pfifferlinge, Steinpilze, Totentrompeten, Semmelstoppel), 1 Knoblauchzehe, geschält und gehackt, 1 El Blattpetersilie, gehackt, 1 Spritzer Zitronensaft, 20 g Butter, 1 Thymianzweig, Olivenöl, Salz, Pfeffer

Die Pilze putzen und mit dem Knoblauch und dem Olivenöl in einer Pfanne anbraten. Mit Salz, Pfeffer und gehacktem Thymian würzen. Zum Abschmecken Blattpetersilie, Butter und Zitronensaft dazugeben und ggf. nochmals mit Salz und Pfeffer würzen.

Polenta

250 ml Hühnerbrühe, 1 Thymianzweig, 1 Lorbeerblatt, 1 Knoblauchzehe, geschält, 60 g Polenta, 30 g Parmesan, gerieben, 10 g Butter, Salz, Pfeffer und Muskat

Die Hühnerbrühe mit den Kräutern, Knoblauch, Salz, Pfeffer und Muskat aufkochen, 5 Min. ziehen lassen und durch ein feines Sieb passieren. Die Polenta einrühren und ca. 25 Min. bei ständigem Rühren kochen lassen.
Zum Fertigstellen den Parmesan und die Butter dazugeben.

Zubereitung Hauptspeise

Das Rindfleisch in 2 cm dicke Scheiben schneiden, mit Salz und Pfeffer würzen und in einer Pfanne mit Olivenöl von beiden Seiten anbraten. Das Fleisch in einen Schmortopf geben und mit Rotwein, klein geschnittenem Gemüse, Speck, Walnüssen, den Gewürzen und der Orangenschale bedecken. Mit einem Deckel verschließen, einmal aufkochen lassen und anschließend ca. 2 Std. im 150 °C heißen Ofen schmoren lassen, bis das Fleisch schön weich ist. Das Fleisch herausnehmen, den Fond durch ein feines Sieb passieren und mit dem Tomatenmark einkochen lassen. Die Sauce mit Salz und Pfeffer abschmecken, das Fleisch halbieren und wieder in die Sauce geben.

Steigenberger Weinempfehlung
2001 Nipozzano Riserva,
Chianti rufina, Toskana, Italien

Torrone-Eis

3 El Mandeln und Haselnüsse, 40 ml Sahne, 30 g Zucker

250 ml Sahne, 3 Eigelb, 80 g Zucker, 10 g weiße Kuvertüre, 1 Vanilleschote, Kaffeelikör

Die Nüsse im Ofen rösten, 30 g Zucker in einem Topf karamellisieren, die gerösteten Nüsse dazugeben, mit der Sahne ablöschen und 5 Min. kochen lassen. Die Masse auf ein geöltes Blech gießen, auskühlen lassen und danach grob hacken.

Die Sahne mit der Vanillestange aufkochen. Eigelb mit dem Zucker verrühren, die kochende Sahne auf die Eiermasse gießen und unter ständigem Rühren über dem Wasserbad erhitzen bis die Masse bindet. Die weiße Kuvertüre dazugeben und die Masse kalt rühren. Durch ein feines Sieb in die Eismaschine gießen und gefrieren. Kurz bevor das Eis fertig ist, die gehackten Nüsse und etwas Kaffeelikör dazugeben.

Zubereitung Dessert

Schokoladentörtchen

1 Ei, 1 Eigelb, 40 g Zucker, 45 g Bitterschokolade, 50 g Butter, 40 g Mehl, 1 Biskuitboden, 100 g gemischte Beeren, 16 Amarenakirschen

Den Biskuitboden ca. 4 mm dick mit den Metallringen ausstechen und auf ein Blech setzen. Die Schokolade mit der Butter im Wasserbad schmelzen lassen, die Eier mit dem Zucker verrühren und zu der geschmolzenen Schokolade geben. Das Mehl einsieben. Die Amarenakirschen auf die Biskuitböden verteilen und die Schokoladenmasse einfüllen. Anschließend im Gefrierschrank ca. 12 Std. einfrieren. Vor dem Servieren ca. 12 Min. bei 200 °C backen.

Gewürztraminer-Zabaione

4 Eigelb, 60 ml Gewürztraminer, 45 g Zucker, 1 Spritzer Orangensaft, 1 Spritzer Zitronensaft

Alle Zutaten miteinander verrühren und über dem Wasserbad cremig schlagen. Die gebackenen Törtchen zusammen mit der Zabaione und dem Eis servieren.

Am 14. März 2005 lud die Steigenberger Hotel Group anlässlich ihres 75. Jubiläums im Rahmen der ITB hochrangige Gäste aus Hotellerie, Touristik und den Medien zum „Kulinarischen Quintett“ ins Gourmetrestaurant Louis des Steigenberger Hotel Berlin ein. Fünf Steigenberger-Spitzenköche verwöhnten die Gäste an diesem Abend mit einem außergewöhnlichen Jubiläumsmenü: (v.l.) Holger Zurbrüggen vom Restaurant Louis im Steigenberger Hotel Berlin, Thomas Heilemann vom Restaurant Olivo im Steigenberger Graf Zeppelin in Stuttgart, Thorsten Hopp vom Restaurant Faces im Steigenberger Airport Hotel Frankfurt, Patrick Bittner vom Restaurant Français im Steigenberger Frankfurter Hof und Alfred Schreiber vom Restaurant Calla im Steigenberger Hotel Hamburg.

Steigenbergers „Kulinarisches Quintett“

Jacobsmuscheln
mit Orangengelee,
Lauch-Mousse
und Tintenfisch-Vinaigrette
Alfred Schreiber

Gefüllter Steinbutt
und Langostinos
auf Erbsschotenpüree
Thorsten Hopp

Paprika-Timballo
auf Fondata mit
gebratener Entenleber und
Aceto Balsamico-Sauce
Thomas Heilemann

Terzetto vom Lamm
mit Kartoffel-
Sesam-Mousseline und
Rosmarinjus
Holger Zurbrüggen

Crème Brulée
mit Braeburnapfel und Sorbet
von Guanaja-Schokolade
Patrick Bittner

Tintenfisch-Vinaigrette

500 g Babytintenfisch, 4 Schalotten, fein gewürfelt, grüne Paprika, entkernt und gewürfelt, 1 Knoblauchzehe, gehackt, 150 ml Olivenöl, 200 ml Weißwein, Salz

Die Tintenfische waschen und je nach Größe die Haut entfernen. In kleine Würfel schneiden und in Olivenöl anbraten. Abtropfen lassen. Die Schalotten mit der Paprika und dem Knoblauch im restlichen Olivenöl anschwitzen und bei wenig Hitze weich dünsten. Mit dem Weißwein ablöschen und die Tintenfische dazugeben. Bei niedriger Hitze köcheln lassen, bis die Tintenfische weich sind und die meiste Flüssigkeit verkocht ist. Abschließend salzen.

Orangengelee

Dünn abgeschnittene Schale von 6 Orangen, 75 ml Wasser, 75 g Zucker, 3 Blätter Gelatine, 150 ml Orangensaft, frisch gepresst, Salz

Die Orangenschalen in kochendem Wasser blanchieren. Abtropfen. Aus dem Wasser und dem Zucker einen Sirup kochen und die Schale darin 5 Min. köcheln lassen. Alles fein pürieren und mit der Hälfte des Orangensaftes erneut zum Kochen bringen. Dann durch ein feines Sieb passieren. Die Gelatineblätter in dem restlichen Orangensaft einweichen, leicht erwärmen bis sich die Gelatine auflöst und unter das Püree mischen. Salzen und in kleine, runde Gefäße einfüllen. 6 Std. kalt stellen.

Alfred Schreiber
Restaurant Calla im Steigenberger Hotel Hamburg

Lauch-Mousse

500 g Lauch, gewaschen und das Dunkelgrüne entfernt, 50 g Butter, 50 ml Sahne, Salz, Pfeffer

Den Lauch längs halbieren und waschen. Dann in feine Streifen schneiden und 1 bis 2 Min. blanchieren. Ausdrücken und auf ein Tuch legen. Die Sahne mit der Butter aufkochen und würzen. Dann den Lauch dazugeben und weich kochen. Alles mixen und durch ein Sieb streichen. Kalt stellen.

Jacobsmuscheln

8 Jacobsmuscheln, aus der Schale entfernt und gewaschen, 200 g grüner Spargel, das untere Drittel entfernt und blanchiert

Das runde Orangengelee im oberen Tellerbereich platzieren und eine abgestochene Nocke von dem Lauch-Mousse daraufsetzen. Den blanchierten grünen Spargel in Streifen schneiden und in der Tellermitte verteilen. Die Jacobsmuscheln glasig braten, salzen und pfeffern. Dann auf den Spargel setzen. Die Tintenfisch-Vinaigrette über die Jacobsmuschel geben und servieren.

Steigenberger Weinempfehlung
Champagne Billecart-Salmon, Brut Réserve, Frankreich

Thorsten Hopp
Restaurant Faces im Steigenberger Airport Hotel, Frankfurt

400 g Steinbuttfilet, 200 g Lachsfilet, 200 g Parmaschinken, 400 g Langostinos, 300 ml Sahne, 100 g Spinat, 320 g Erbsen, 250 g Schalotten, 100 g Butter, 200 ml frischer Orangensaft, 200 ml Gemüsebrühe, 20 g Jaipur-Curry, 100 ml Calvi-Olivenöl, 3 Scheiben Kräutertoastbrot, 6 cl Noilly Prat, Salz, Cayennepfeffer

Die Lachsfilets in kleine Würfel schneiden, danach mit der Hälfte der Sahne, dem Noilly Prat, Salz und Pfeffer in der Mulinette fein mixen. Die Lachsfarce durch ein feines Sieb streichen und kühl stellen.

Den gewaschenen Spinat kurz in heißem Salzwasser blanchieren und auf einem Küchentuch ausbreiten.

Das Steinbuttfilet in der Mitte durchschneiden und auseinander legen. Nun das untere Steinbuttfilet abwechselnd mit Lachsfarce, Spinatblättern und Parmaschinken belegen. Zum Schluss das zweite Filet als Deckel verwenden. Den Fisch straff in Backpapier einschlagen und in einer beschichteten Pfanne mit Olivenöl bei mittlerer Hitze von beiden Seiten ca. 2 bis 3 Min. anbraten. Danach in den Backofen stellen und 6 bis 8 Min. bei 150 °C garen.

Für die Sauce die Schalotten schälen, in kleine Würfel schneiden und die Hälfte in Butter anschwitzen. Den Curry kurz mit anrösten. Danach mit der Gemüsebrühe ablöschen. Das Ganze mit dem Orangensaft und dem Rest der Sahne auffüllen und reduzieren. Mit dem Stabmixer pürieren, durch ein feines Sieb passieren und dann mit Salz und Pfeffer abschmecken.

Für das Erbsenpüree die restlichen Schalotten mit der Butter, den Erbsen und der Sahne kurz kochen, pürieren und durch ein Sieb streichen. Nach Wunsch mit asiatischen Aromen würzen. Die Kräutertoastbrotschreiben entrinden, trocknen und reiben. Die Langostinos ohne Schale in den Kräuterbröseln wenden und in heißem Olivenöl grillen – warm stellen. Den Steinbutt in gleichmäßige Dreiecke schneiden und aufrecht auf den Teller stellen. Die Langostinos und das Erbsenpüree dekorativ anrichten. Den Currysud mit dem Stabmixer aufschäumen und um den Fisch dekorieren.

Steigenberger Weinempfehlung

2004 Grauer Burgunder S, Silberkapsel, Kruger-Rumpf, Münster-Sarmsheim, Deutschland

Fondata

40 g Fontina, gerieben, 10 g Parmesan, gerieben, 100 ml Sahne, 100 ml Milch, 4 Eigelb, Salz, Pfeffer, Muskat, 1 Lorbeerblatt, 1 Thymianzweig, 1 Rosmarinzweig, Knoblauch

Die Sahne zusammen mit der Milch, Lorbeer, Rosmarin, Thymian, Knoblauch, Salz und Pfeffer aufkochen, anschließend durch ein feines Sieb passieren. Den geriebenen Käse in die Sahne geben, mit den Eigelben zur Rose abziehen (s. Glossar) und nochmals passieren.

Thomas Heilemann
Restaurant „Olivo" im Steigenberger Graf Zeppelin, Stuttgart

Paprika-Timballo

3 rote Paprika, 3 gelbe Paprika, 300 ml Hühnerbrühe, 1 El Butter, 1 El Mehlbutter, 1 El Mehl, 2 Eier, 2 El flüssige Sahne, 1 Tl Tomatenmark, 1 Msp. Peperoncini, 2 kleine Lorbeerblätter, 2 Schalotten, 150 ml Tomatensaft aus der Dose, Olivenöl zum Andünsten, 4 Auflaufförmchen à 70 g Füllmenge, 120 g Entenleber, 1 Knoblauchzehe, geschält, 1 Thymianzweig, 20 g Butter, Salz und Pfeffer

Die Paprika halbieren, Kerne entfernen und die Endstücke abschneiden. Die Paprikahälften auf ein geöltes Blech legen und bei 150 °C ca. 20 Min. im Ofen garen, mit Alufolie abdecken und nach dem Auskühlen die Haut entfernen. Die Endstücke der Paprika, farblich getrennt voneinander, jeweils mit 1/2 Thymianzweig, 100 ml Hühnerbrühe und einem kleinen Stück Knoblauchzehe pürieren. Den Paprikasaft passieren und in einem Topf stark einkochen lassen. Die Hälfte der Schalotten mit Knoblauch in einem Topf hell anschwitzen. Gelbe Paprika dazugeben, ebenfalls anschwitzen und mit Salz und Pfeffer würzen. Ein Lorbeerblatt dazugeben, mit gelbem Paprikasaft und 100 ml Hühnerbrühe angießen und ca. 15 Min. köcheln lassen. Danach den Lorbeer herausnehmen und mit einem Stabmixer fein pürieren. Abschmecken, mit1/2 El Mehlbutter (s. Glossar) abbinden und nochmals 20 Min. köcheln lassen. Die restlichen Schalotten mit Knoblauch und roter Paprika in einem Topf anschwitzen, mit Salz und Pfeffer würzen, etwas Peperoncini, Lorbeer, Tomatenmark und Tomatensaft dazugeben und ca. 15 Min. kochen lassen. Den Lorbeer entfernen und die Masse mit dem Stabmixer pürieren. 1/2 El Mehlbutter zum Binden dazugeben und nochmals 20 Min. kochen lassen. Die Paprikamasse auskühlen lassen und anschließend jeweils mit einem Ei und einem Schuss flüssiger Sahne auf dem Wasserbad in einem Kessel erwärmen, bis die Masse cremig gebunden ist. Diese anschließend in die gebutterten Förmchen abfüllen und im Wasserbad bei 150 °C ca. 30 Min. pochieren. Zum Fertigstellen des Gerichtes, die Entenleber mit den Kräutern und Knoblauch kurz braten. Das Paprika-Timballo auf die Fondata stürzen, mit der Entenleber garnieren und mit einer Aceto-Balsamico-Sauce (s. Glossar) servieren.

Steigenberger Weinempfehlung

2001er „Tasnim" Sauvignon Blanc DOC, Südtirol Alto Adige, Weingut Loacker Schwarhof, Italien

Holger Zurbrüggen
Restaurant Louis im Steigenberger Hotel Berlin

Steigenberger Weinempfehlung

2001 Barba Montepulciano d'Abruzzo, Italien

Terzetto vom Lamm

4 Lammkoteletts, 4 Lammfilets, 120 g Lammrücken ohne Knochen, 40 g getrocknete Tomaten, 1 El Tomatenmark, 1 Tl Crème fraîche, 20 g Schweinenetz, 30 g Mandelgrieß, 1 Thymianzweig, 2 Stängel Zitronengras, 1 gelbe Paprika, 1 rote Paprika, 1 El schwarze Oliven, ohne Kern, 1 El grüne Oliven, ohne Kern, 1 Rosmarinzweig, 1 Knoblauchzehe, 5 El Olivenöl, 2 El Paniermehl, 1 El Sesamöl, 1 El Sesam, 350 g Kartoffeln, mehlig kochend, 500 ml Milch, 2 El Sahne, geschlagen, Salz und Pfeffer

Die getrockneten Tomaten, den Thymian, das Tomatenmark, die Crème fraîche und den Mandelgrieß zusammenfügen und pürieren. Die entstandene Masse auf die geputzten Lammkoteletts streichen und das Ganze in ein Schweinenetz einschlagen. Bei 200 °C 7 Min. im Ofen garen und anschließend 10 Min. bei niedriger Temperatur ziehen lassen. Die Paprikaschoten halbieren und entkernen, danach salzen und bei 160 °C ca. 18 Min. im Ofen garen. Die Haut entfernen und mit Olivenöl einreiben. Lammfilets leicht plattieren, salzen und pfeffern und mit der Paprika als Schnecke einrollen. Mit Zitronengras aufspießen, dann bei 200 °C 7 Min. im Ofen garen.

Oliven, Knoblauch und Rosmarin zusammen klein hacken und mit Paniermehl vermengen. Ein kleines Loch in die Mitte des Lammrückens schneiden und mit der Olivenmasse füllen. Kurz in Olivenöl anbraten und anschließend 6 Min. bei 160 °C in den Ofen geben. Danach 5 Min. ruhen lassen.

Kartoffeln schälen und in Salzwasser weich kochen. Abgießen und durch eine Kartoffelpresse in heiße Milch, Sesamöl und den gerösteten Sesam pressen. Zum Schluss die Sahne unterheben.

Beim guten Essen sollte ein ebenso gutes Glas Wein nicht fehlen. Der Wein beim Essen verbindet die Aromen und rundet das Ganze ab. Wir haben bei unserer Arbeit gern ein Glas Wein getrunken, gekostet, welcher Wein zu welchem Essen passt, und dies an Sie in unseren Weinempfehlungen weitergegeben.

In Godehard Juraschek hatten wir einen Profi im Team, der auch gern kocht, kulinarischen Genüssen nie abgeneigt ist und uns beiden nicht nur als Fotograf zur Seite stand, sondern uns ein verlässlicher Küchenhelfer war, der ebenso wie wir mit großer Freude und Begeisterung an unserem Probekochen teilhatte.

Die allerbesten Zutaten zur Herstellung aller Speisen verdanken wir unseren Lieferanten und Partnern, die uns während des Probekochens unterstützten und berieten.

Während die Testköche den Rezepturen noch genüsslich auf der Zunge nachspürten, kümmerte sich das Team um Angelika Heyer, sie leitet die Unternehmenskommunikation der Steigenberger Hotels AG, um die Redaktion und Realisation des Buches. Alle Rezepte wurden auf ihre inhaltliche Schlüssigkeit geprüft, Layouts gesichtet und Fotos ausgesucht, Texte wurden geschrieben und redigiert. Sie hat uns immer wieder angespornt, nicht eher zu ruhen, bis das Ergebnis alle Beteiligten überzeugte. Ohne diesen Beitrag, der unschätzbar kostbar war, wäre das Kochbuch sicher nicht so geworden, wie es heute ist.

Als es dann um die Inszenierung der Rezepturen in unserem Buch ging, kam die Grafik-Designerin Bobbel Jacobs zum Einsatz. Sie hat unser Team perfekt ergänzt und sich mit viel Leidenschaft an die Gestaltung unseres Kochbuches gemacht. Das komplette Layout stammt aus ihrer kreativen Feder, ihren gestalterischen Ideen ist es zu verdanken, dass das Buch einen ganz eigenen Stil hat. Ein hartes Stück Arbeit, aber sie bewahrte stets ihre gute Laune. Unsere mitternächtlichen Kochgespräche werden uns zukünftig fehlen.

In ganz besonderem Maße möchte wir uns aber bei Vivian und Victoria Steigenberger-Woeller bedanken, die mit unendlich großem Verständnis für die große Kochleidenschaft und Buchidee ihrer Mutter sich nicht nur als „Test-Esser" zur Verfügung gestellt haben, sondern auch wochenlang auf ihre Lieblingsgerichte verzichten mussten. Sie haben uns stetig ermutigt, dieses Kochbuch mitzugestalten.

Wir hatten das große Glück bei diesem Projekt von diesem Team unterstützt zu werden. Keine der Begegnungen mit den Menschen, die direkt oder indirekt zum Gelingen unseres Steigenberger Kochbuches beigetragen haben, möchten wir missen. Allen möchte wir sehr dafür danken, dass sie es mit ihrem Engagement möglich machten, das Anliegen von Egon Steigenberger und auch unseren lang gehegten Wunsch nach einem Steigenberger Kochbuch in die Tat umzusetzen.

Für uns war es ein großartiges Schaffen und Wirken, Freude für alle Sinne.

Danke Euch allen nochmals von ganzem Herzen – wir werden die schöne Zeit nie vergessen.

Christine Steigenberger und Mike Meyer-Ditandy

Glossar

Abbinden
Eine Sauce durch die Zugabe von Mehl oder Kartoffelstärke andicken.

Abdrehen (tournieren)
Möhren, Kartoffeln und anderes Gemüse dekorativ zurechtschneiden.

Abglänzen
Eine Speise mit Marmelade bestreichen und anschließend mit Zucker bestreuen.

Ablöschen
Angebratenes Fleisch oder Gemüse mit Flüssigkeit (Wasser, Brühe, Wein) begießen.

Abschmelzen
Eine Speise mit zerlassener Butter oder Fett übergießen.

Abschrecken
1) Eine heiße Speise nach dem Kochen kurz in sehr kaltes Wasser tauchen, damit ihre Temperatur herabgesetzt wird.
2) Einen Braten mit kaltem Wasser übergießen, um eine schöne Kruste zu erreichen.

Abstreifen
Bezeichnung für kurzes Anbraten von Lebern, Nieren, Filets, Fisch.

Al dente
Der italienische Begriff beschreibt die Beschaffenheit von Teigwaren, die nur so lange gegart werden, dass sie noch Biss haben.

Amuse bouche
Kleine Appetithäppchen

Anbraten
Kurzes Braten in Fett bei starker Hitze, damit sich die Poren schließen und Bräunung sowie Röststoffe entstehen.

Anschwitzen
Mehl, Gemüse etc. in Fett leicht anrösten, ohne es zu bräunen.

Aufmontieren
Kalte Butter mit einem Pürierstab in kleinen Portionen in eine köchelnde Sauce einrühren, damit diese eine bessere Konsistenz bekommt.

Bardieren
Mit Speckscheiben belegen und mit Küchengarn binden.

Beitze
Siehe Marinade

Blanchieren
Gemüse ganz kurz in sprudelndem Wasser kochen lassen, anschließend kalt abschrecken. Dadurch behält es seine Farbe.

Blindbacken
Einen Mürbeteig ohne Füllung vorbacken.
Den Boden mit Pergamentpapier auslegen und mit getrockneten Hülsenfrüchten belegen, damit der Teigboden flach bleibt.

Bouquet garni
Kräutersträußchen aus Petersilie, Thymian und Lorbeerblatt, je nach Zubereitung auch mit Gemüse und anderen Kräutern zusammengestellt.

Brunoise
In feinste Würfel geschnittenes Gemüse

Bulgur
Geschroteter und vorgegarter Weizen, ähnlich grobem Couscous.

Chartreuse
1) Französischer Kräuterlikör mit 55% vol. Alkohol.
2) Kleine Förmchen oder eine Auflaufform mit klein geschnittenem Gemüse auslegen, mit Fleischfarce ausfüttern, Würfel von Wildgeflügel, Kalbsbries o. Ä. hineingeben, mit Farce auffüllen, mit dünnen Speckscheiben abdecken und im Wasserbad gar ziehen lassen (Kartäusergericht).

Confit
Eingemachtes

Crèpinette
Netzwürstchen

Croûton
Kleine, goldbraune Brotwürfel, in schäumender Butter gewendet

Espuma
Siphon, in dem man jede Art von Flüssigkeit, gebunden mit Gelatine, zu kaltem oder warmem Schaum verarbeitet.

Farce
Eine pikante Füllung für Fleisch, Fisch oder Gemüse

Fond
Flüssigkeit, die beim Garen von Fleisch und/oder Knochen entsteht und das Aroma des Gargutes angenommen hat. Grundbrühe für Suppen und Saucen.

Fontina
Hartkäse aus dem Aostatal der italienischen Alpen.

Garnitur
Beilage, Umlage, Einlage in Suppen, Verzierung

Glace
1) Zu Sirup eingekochte Brühe aus Knochen und Fleisch von Rind, Geflügel oder Fisch, die zum Glasieren verwendet wird.
2) Bezeichnung für Speiseeis

Glasieren
Ein Gericht wird entweder mit entsprechender Glace bestrichen oder mit dem eigenen Fett übergossen, damit es eine glänzende Oberfläche erhält.

Gratinieren
Überkrusten, Überbacken. Abschließendes Garen bereits gegarter Lebensmittel durch offenes Überbacken in trockener Hitze.

Julienne
Ganz fein geschnittene Streifen von Gemüse (z. B. Möhren, Porree, Knollensellerie, Zwiebel), die in Butter gedünstet als Einlage oder Garnitur verwendet werden.

Jus
Entfetteter Bratensaft, der beim Erkalten geliert. Wird für Saucen und zur Garnierung von kalten Braten etc. verwendet. Manchmal wird auch der reine Fleischsaft als Jus bezeichnet.

Kartoffelchips
Große Kartoffel (festkochend), schälen, mit Hobel in dünne Scheiben schneiden. In Öl frittieren, zum Entfetten auf Küchenpapier legen und salzen.

Karkasse
Gerippe von kleinen Tieren, hauptsächlich von Geflügel und Krustentieren.

Klären
Flüssigkeit von Trübstoffen befreien

Konfieren
Beim Konfieren wird das in der Frucht enthaltene Wasser durch eine Zuckerlösung ersetzt.

Marinade
Zum Marinieren dienende gewürzte Flüssigkeit, auch Beize genannt

Mehlschwitze
Einbrenne (franz. Roux). Ein Bindemittel für Saucen. Im Verhältnis 1:1 Mehl und Butter, die langsam erhitzt und verrührt werden.

Mousselines (Schaumtörtchen)
Mit Gelee vermischte Mousselinefarce, wird in ausgebutterte Förmchen gefüllt, im Wasserbad gegart und eiskalt serviert.

Mousselinefarce (Schaumfarce)
Fein durchgedrehtes Kalb-, Geflügel- oder Wildfleisch wird gut gekühlt mit Salz, Pfeffer, Eiweiß und Crème double vermischt und als Füllung verwendet.

Napieren
Mit Sauce leicht beträufeln

Noilly Prat
Französischer Wermutwein

Parieren
Zurechtschneiden von Fleisch oder Fisch

Parüren
Fleischabschnitte, die man zur Herstellung von Fonds und Saucen verwendet.

Passieren
Eine Suppe, Sauce oder Flüssigkeit durch ein Sieb streichen oder durch ein Tuch seihen.

Plattieren
Vor dem Braten eine Fleischscheibe mit dem Handballen flach drücken, von allen Seiten leicht stauchen – so wird das Stück besonders zart.

Pochieren
Gargut (Fisch, Fleisch, Eier, Geflügel) bis knapp unter den Siedepunkt gar ziehen lassen.

Reduzieren
Durch längeres Kochen den Wassergehalt vermindern

Röstgemüse
Gemüsewürfel aus Möhren, Knollensellerie, Petersilienwurzel, Zwiebel und evtl. etwas Räucherspeck werden mit Lorbeer und Thymian in Butter angeröstet und als Grundlage oder würzende Zutat für Saucen und Fleischspeisen verwendet.

Rouget
Unter dem Namen Rotbarbe oder Streifenbarbe wird dieser lang gestreckte Fisch gehandelt

Zabaione
Kalte oder warme im Wasserbad aufgeschlagene Sauce aus Zucker, Eigelb und Weißwein oder einem anderen Alkohol, teils mit Gelatine gefestigt und mit Sahne vermischt

Saté (Sateh)
Spießchen mit marinierten Fleischwürfeln, die in der indonesischen Küche mit Erdnuss-Sauce serviert werden

Saucieren
Mit Sauce übergießen

Savarin
In einer Ringform gebackener, mit Alkohol getränkter Hefekuchen

Schmoren
Anbraten und Bräunen in heißem Fett mit anschließender Flüssigkeitszugabe und Fertiggaren im geschlossenen Topf.

Taleggio
Italienischer Schnittkäse, Kuhrohmilchkäse

Tranche
Scheibe, Schnitte

Vichyssoise
Ursprünglich Kartoffel-Porree-Suppe, die eisgekühlt gereicht wird

Vinaigrette
Verschiedene Kräuter werden mit fein gehackten Zwiebeln, Kapern, Gurken, Sardellenfilets und hart gekochtem Eigelb vermischt, mit Essig verrührt und mit Öl aufgeschlagen.

Wurzelgemüse (Wurzelwerk)
Besteht meist aus Möhren, Porreestange, Petersilienwurzel und etwas Knollensellerie und wird zur geschmacklichen Anreicherung von Suppen, Saucen und Fonds verwendet.

Zur Rose abziehen
Eine Creme, die über dem Wasserbad geschlagen wird, hat die richtige Konsistenz, wenn sie einen Kochlöffelrücken überzieht und beim Blasen Ringe bildet, die an eine Rose erinnern.

Dunkler Rinderfond (ergibt etwa 1 Liter)

30 g Bratenfett oder Schmalz, 1.300 bis 1.400 g Knochen aus Kalbshaxe oder Rinderhesse, 350 g oder mehr Vorderhesse vom Rind, 2 Stangen Sellerie, klein geschnitten, 2 bis 3 Möhren, klein geschnitten, 2 Zwiebeln, gehackt, 2 Stangen Lauch, klein geschnitten, 2 Tomaten, 2 Gewürznelken, 1 Zweig frischer Thymian, 1 Lorbeerblatt, evtl. 1 Glas Rotwein, Salz

Etwas von dem Fett in einem großen Topf erhitzen und die Knochen und das Fleisch darin schön braun anbraten. Das Fett aus dem Topf abgießen. 3 Liter kaltes Wasser in den Topf geben und langsam zum Kochen bringen. Dabei den Schaum mehrmals von der Oberfläche abschöpfen. 2 bis 3 Std. köcheln lassen und hin und wieder den Schaum abschöpfen. Das restliche Fett in einer Pfanne erhitzen. Darin das Gemüse und die Zwiebeln anbraten. Das Fett abschütten und das gebräunte Gemüse und die Zwiebeln mit den Tomaten, den Kräutern, den Gewürzen und evtl. dem Rotwein in den Topf mit dem Fond geben (nur wenig salzen). Das Ganze weitere 2 Std. köcheln lassen. (Gibt man das Gemüse bereits am Anfang mit den Knochen dazu, kann es so sehr verkochen, dass der Fond bitter schmeckt.) Den Fond abschütten, abkühlen lassen und das Fett abschöpfen. Im Kühlschrank aufbewahren.

Heller Kalbsfond (ergibt etwa 1 Liter)

1.300 bis 1.400 g Kalbs- und Rinderknochen, vom Metzger in Stücke gehackt, 350 g Vorderhesse vom Rind, 2 Zwiebeln, gehackt, 3 Stangen Lauch, klein geschnitten, 2 Möhren, klein geschnitten, 2 Stangen Sellerie, klein geschnitten, 1 frisches Bouquet garni aus Thymian, Petersilie und einem Lorbeerblatt, 6 schwarze Pfefferkörner, evtl. 1 Glas Weißwein, Salz

Die Knochen und das Fleisch in einen Topf geben und mit 3 Litern kaltem Wasser bedecken. Langsam zum Kochen bringen, dabei mehrmals den Schaum von der Oberfläche abschöpfen. 4 bis 5 Std. leise köcheln lassen. Sollten Sie den Geruch von kochendem Fond nicht mögen, bringen Sie das Ganze auf dem Herd zum Kochen und stellen es zugedeckt in den Backofen, wo der Fond bei niedriger Temperatur langsam weitergart. Nach der Hälfte der Garzeit das Gemüse, die Kräuter, die Pfefferkörner, 1 Prise Salz (später nochmals abschmecken) und evtl. den Wein dazugeben. Den Kalbsfond wie den Geflügelfond abschütten, abkühlen lassen, entfetten und im Kühlschrank aufbewahren.

Geflügelfond (ergibt 1,5 bis 2 Liter)

Die Karkasse von einem Huhn (oder einer Ente) und die Innereien, evtl. Hühnerfüße oder Kalbsknochen, zerkleinert, 2 Zwiebeln oder Schalotten, 2 Möhren, 3 Stangen Lauch, halbiert, 2 Stangen Sellerie, 1 frische Bouquet garni aus Thymian, Petersilie und einem Lorbeerblatt, 6 schwarze Pfefferkörner, evtl. 1 Glas Weißwein, Salz

Die Knochen und die Innereien in einen großen Topf geben. Evtl. die vorbereiteten Hühnerfüße oder Kalbsknochen dazugeben. Mit 3 Litern kaltem Wasser bedecken und langsam zum Kochen bringen, dabei den Schaum mehrmals von der Oberfläche abschöpfen. Zwiebeln bzw. Schalotten, Möhren, Lauch, Sellerie, Kräuter, Pfefferkörner und evtl. den Wein hinzufügen. Nur leicht salzen, da die Brühe durch das Einkochen konzentrierter wird und sich damit auch der Salzgeschmack intensiviert. 2 bis 3 Std. köcheln lassen (durch sprudelndes Kochen wird der Fond trüb), bis der Fond gut eingekocht ist. Vom Herd nehmen und durch ein Sieb schütten. Wenn der Fond nicht unbedingt klar sein soll, kann man das Gemüse etwas auspressen. Den Fond, sobald er kalt ist, abdecken und in den Kühlschrank oder an einen anderen kühlen Ort stellen. Das Fett, das an der Oberfläche fest geworden ist, kann nun abgeschöpft werden.

Wildfond

Wird wie dunkler Rinderfond zubereitet. Statt der Rinderknochen werden Wildknochen verwendet.

Fischfond (ergibt etwa 1 Liter)

Gräten und Schwänze von 2 bis 3 Seezungen, 2 bis 3 Stangen Sellerie, in Scheiben geschnitten, 2 Zwiebeln, in Scheiben geschnitten, 1 Möhre, in Scheiben geschnitten, 1 Lorbeerblatt, Salz

Reduziert dient Fischfond als Grundlage für Saucen. Man kann daraus aber auch Aspik machen und kalten Fisch damit überziehen. Sollten Sie keine Gräten und Schwänze von der Seezunge bekommen, verwenden Sie die Abfälle von aromatischen Fischen wie Kabeljau oder Scholle (vermeiden Sie geschmacksintensiven Fettfisch wie z. B. Lachs). Wenn Sie möchten, geben Sie 1 bis 2 Gläser trockenen Weißwein dazu.
Alle Zutaten mit 2,5 Litern kaltem Wasser in einen großen Topf geben. Nur wenig Salz dazugeben, denn die Flüssigkeit kocht erheblich ein. Zum Kochen bringen und ohne Deckel 30 bis 45 Min. köcheln lassen. Danach durch ein Sieb schütten.

Kräftiger Gemüsefond (ergibt etwa 1,2 Liter)

3 bis 4 große, flache Champignons, in Scheiben geschnitten, 120 g gelbe Schälerbsen, 120 g Gerste, 1/2 Tl Bockshorn-kleesamen, 1 Tl schwarze Senfkörner, 2 El Sojasauce, 1 frisches Bouquet garni aus Petersilie und einem Lorbeerblatt, 17,5 cl trockener Weißwein, 1 Prise Zucker, Salz und frisch gemahlener Pfeffer

Alle Zutaten in einen Topf geben (zu diesem Zeitpunkt nur wenig Salz) und mit 2,5 Litern kaltem Wasser bedecken. Zum Kochen bringen, dabei mehrmals den Schaum von der Oberfläche abschöpfen und 1 Std. lang köcheln lassen. Den Fond vorsichtig abschütten (den letzten Rest des Fonds wegschütten, da er durch den Bodensatz dunkel und trüb ist). Mit Salz und Pfeffer abschmecken und abkühlen lassen.

Bergthymianfond

Lammparüren, 30 g Schalotten, 2 Thymianzweige, 3 cl kräftiger Rotwein, 4 bis 5 weiße Pfefferkörner, 100 ml reduzierter Fleischfond, frische eiskalte Butter

Lammparüren anbraten, gehackte Schalotten, einen Thymianzweig und Pfefferkörner beigeben. Mit einem kräftigem Rotwein ablöschen. Reduzierten Fleischfond dazugeben und zur gewünschten Konsistenz einkochen lassen, passieren und abschmecken.
Kurz vor dem Servieren frisch gehackten Thymian beigeben und den Fond mit eiskalter Butter binden.

Tomatenfond (ergibt 1 Liter)

40 g Olivenöl, 75 g Zwiebel, 15 g Zucker, 3 Knoblauchzehen, 1 kg Tomaten, Salz, 1 Lorbeerblatt, 1 Kopf Mangold, Salz, Pfeffer

Die fein geschnittenen Zwiebeln, Zucker und Knoblauch in Olivenöl anschwitzen. Kleingewürfelte Tomaten, Salz und Lorbeerblatt zugeben und 15 bis 20 Minuten köcheln lassen, mixen und danach durch ein Sieb passieren.

Aceto Balsmico-Sauce

Bratensauce oder Fond um die Hälfte einkochen, mit Aceto Balsamico, Salz und Pfeffer abschmecken und mit etwas kalter Butter aufmontieren.

Frankfurter grüne Soße

2 Eier, 8 EL saure Sahne, 200 g Joghurt, Saft von 2 Zitronen, 300 g Quark, 2 Prisen Zucker, 240 g gemischte frische Kräuter (gibt es fertig abgepackt), 2 Schalotten, Salz und Pfeffer

Die saure Sahne mit dem Joghurt, Zitronensaft und Quark gut verrühren. Mit Salz, Pfeffer und Zucker abschmecken. Die Kräuter waschen und klein hacken. Die Schalotten klein hacken und zusammen mit den Kräutern unter die Soße rühren. Das Ei pellen, in kleine Würfel schneiden und unter die Soße heben. Die Soße mit Salz, Pfeffer und Zitronensaft abschmecken.

Rotweinsauce

2 Schalotten, 1 Knoblauchzehe, 200 ml Portwein, 20 cl Rotwein, 100 ml Hühnerbrühe, 20 g Butter

Schalotten und Knoblauch würfeln und in Butter anschwitzen. Mit Portwein ablöschen und runterköcheln. Mit Rotwein ablöschen und wieder runterköcheln lassen. Mit der Hühnerbrühe aufgießen, durch ein feines Sieb geben und die Sauce mit etwas Butter aufmontieren.

Schnittlauchsauce

1 großes Bund Schnittlauch, 1 Orange, 1 Zitrone, 100 g Joghurt, 100 g saure Sahne, 100 g Crème fraîche, Zucker, Salz, Pfeffer, Cayenne-Pfeffer, Essig

Joghurt, Sahne, Crème fraîche, Zitrone und Orangensaft vermischen und mit Essig und den Gewürzen abschmecken und pürieren. Schnittlauch in kleine Röllchen schneiden und unterrühren.

Vanillesauce

400 ml Milch, 1 Vanilleschote, 20 g Zitronenschale, 3 Eigelb, 125 g Zucker, 30 g Mehl

Milch erhitzen, Zitronenschale und längs aufgeschlitzte Vanilleschote dazugeben. Eigelb, Zucker und Mehl in einer Schüssel glattrühren. Vanilleschote auskratzen, Schote und Zitronenschale entfernen, Vanillemark und Eimasse in die heiße Milch einrühren und bei schwacher Hitze garen, bis die gewünschte Konsistenz erreicht ist.

Lauchpaste

1 Stange Lauch, 125 g Butter, 1/2 Zitrone, Salz, Pfeffer

Den Lauch blanchieren, dann kalt mit der Butter im Mixer pürieren, mit Salz und Pfeffer abschmecken.

Mehlbutter

Im Verhältnis 1:1 aus Mehl und Butter angerührte Paste (Beurre manié) zum Binden von Suppen, Saucen und Eintöpfen.

Nussbutter

Süße Butter in einer Pfanne braun werden lassen. Die gekochte braune Butter muss unbedingt durch Papier gefiltert werden, um auch die kleinsten verbrannten Molkepartikelchen zu entfernen. Am besten legt man ein feines rundes Sieb mit Küchenpapier aus und gießt die Butter hindurch.

Semmelbutter

Butter in der Pfanne verlaufen lassen, dann die Temperatur höher stellen und feingeriebene Semmeln hineingeben. Das Ganze anrösten, die knusprige Butter an das fertige Gericht geben und servieren.

Pesto (400 g)

80 g Basilikum, 1 Tl grobes Salz, 30 g Pinienkerne, 3 Knoblauchzehen, 40 g Parmesan, frisch gerieben, 20 g Pecorino, frisch gerieben, 250 ml Olivenöl, extra vergine, Pfeffer, frisch gemahlen

Salz, Pinienkerne und Knoblauch im Mörser zerdrücken.
Basilikumblätter beifügen und ebenfalls fein verreiben.
Die beiden geriebenen Käsesorten am Schluss mit dem Olivenöl unter die Masse rühren.

Kartoffelblinis

7-8 Kartoffeln, 100 g Weizenmehl, 30-40 g Hefe, 4 Glas Milch, 1/2 Glas Sahne, 5 Eier, Salz

In eine Kasserolle 2 Glas lauwarme Milch füllen, darin die Hefe auflösen, das Mehl zugeben und einen Teig kneten. Die Kasserolle mit einem Tuch zudecken und warm stellen.
Die Kartoffeln schälen, abkochen, durch ein Sieb passieren, Butter und Sahne hinzufügen, gut vermischen. Mit dem aufgegangenen Teig das Kartoffelpüree, Salz, geschlagenes Eigelb und das steifgeschlagene Eiweiß gut vermischen. Dann die restliche Milch zugießen und den Teig wieder gehen lassen.
Blinis in kleinen Plätzchen in einer Pfanne backen.

Partner

Wir danken unseren langjährigen Geschäftspartnern für die Zusammenarbeit

J.J. DARBOVEN
KAFFEERÖSTEREI SEIT 1866

Maison Fondée en 1765
Hennessy
COGNAC

Coca-Cola
SCHUTZMARKE • koffeinhaltig

Schweppes
1783

STAATL. FACHINGEN
Seit 1742

EDNA
Tiefkühlbackwaren · Bakery Products
produits boulangers · Prodotti da forno

since 1521
SPIEGELAU
Finest glasses

RADEBERGER GRUPPE
DEUTSCHE BIERKULTUR

MÖVENPICK

SEIT 1852
Apollinaris

Segafredo
ZANETTI
il vero espresso italiano

FRISCHE PARADIES
Das Beste von allem.

NIEHOFFS
Vaihinger

BEECK

deutschesee
Fischmanufaktur

Die Hotels

Deutschland

Steigenberger Drei Mohren
Maximilianstraße 40
86150 Augsburg
Tel. +49 821 5036 – 0
Fax +49 821 157864
augsburg@steigenberger.de

Steigenberger Europäischer Hof
Kaiserallee 2
76530 Baden-Baden
Tel. +49 7221 933 – 0
Fax +49 7221 28831
europaeischer-hof@steigenberger.de

Steigenberger Badischer Hof
Lange Straße 47
76530 Baden-Baden
Tel. +49 7221 934 – 0
Fax +49 7221 934 – 470
badischer-hof@steigenberger.de

teigenberger Hotel Bad Homburg
aiser-Friedrich-Promenade 69-75
348 Bad Homburg v.d.H.
+49 6172 181 – 0
Fax +49 6172 181 – 630
bad-homburg@steigenberger.de

Steigenberger Kurhaus Hotel
Am Kurgarten 3
97688 Bad Kissingen
Tel. +49 971 8041 – 0
Fax +49 971 8041 – 597
bad-kissingen@steigenberger.de

Steigenberger Hotel Bad Neuenahr
Kurgartenstraße 1
53474 Bad Neuenahr
Tel. +49 2641 941 – 0
Fax +49 2641 941 – 410
bad-neuenahr@steigenberger.de

Steigenberger Hotel Bad Orb
Horststraße 1
63619 Bad Orb
Tel. +49 6052 88 – 0
Fax +49 6052 88 – 135
bad-orb@steigenberger.de

Steigenberger Hotel Bad Pyrmont
Heiligenangerstraße 2-4
31812 Bad Pyrmont
Tel. +49 5281 15 – 02
Fax +49 5281 15 – 2020
bad-pyrmont@steigenberger.de

Steigenberger Axelmannstein
Salzburger Straße 2-6
83435 Bad Reichenhall
Tel. +49 8651 777 – 0
Fax +49 8651 5932
bad-reichenhall@steigenberger.de

Steigenberger Hotel Berlin

Los-Angeles-Platz 1

10789 Berlin

Tel. +49 30 2127 – 0

Fax +49 30 2127 – 117

berlin@steigenberger.de

Steigenberger Hotel Deidesheim

Am Paradiesgarten 1

67146 Deidesheim/Pfalz

Tel. +49 6326 970 – 0

Fax +49 6326 970 – 333

deidesheim@steigenberger.de

Steigenberger Hotel de Saxe

Am Neumarkt

01067 Dresden

Tel. +49 351 8321 – 0 (Pre-Opening)

Fax +49 351 8321 – 445

Steigenberger Parkhotel Dresden-Radebeul

Nizzastraße 55

01445 Dresden/Radebeul

Tel. +49 351 8321 – 0

Fax +49 351 8321 – 445

dresden@steigenberger.de

Steigenberger Parkhotel

Corneliusplatz 1

40213 Düsseldorf

Tel. +49 211 1381 – 0

Fax +49 211 1381 – 592

duesseldorf@steigenberger.de

Steigenberger Duisburger Hof

Neckarstraße 2

47051 Duisburg

Tel. +49 203 3007 – 0

Fax +49 203 3007 – 400

duisburg@steigenberger.de

Steigenberger Frankfurter Hof

Am Kaiserplatz

60311 Frankfurt am Main

Tel. +49 69 215 – 02

Fax +49 69 215 – 900

frankfurter-hof@steigenberger.de

Steigenberger Hotel Metropolitan

Poststraße 6

60329 Frankfurt am Main

Tel. +49 69 506070 – 0

Fax +49 69 506070 – 555

:tropolitan@steigenberger.de

iteigenberger Airport Hotel

Jnterschweinstiege 16

60549 Frankfurt am Main

Tel. +49 69 6975 – 0

Fax +49 69 6975 – 2505

airporthotel@steigenberger.de

Steigenberger Hotel Hamburg

Heiligengeistbrücke 4

20459 Hamburg

Tel. +49 40 36806 – 0

Fax +49 40 36806 – 777

hamburg@steigenberger.de

Steigenberger Conti Hansa
Schlossgarten 7
24103 Kiel
Tel. +49 431 5115 – 0
Fax +49 431 5115 – 444
kiel@steigenberger.de

Steigenberger Grandhotel Petersberg
Petersberg
53639 Königswinter/Bonn
Tel. +49 2223 74 – 0
Fax +49 2223 74 – 443
info@petersberg.steigenberger.de

Steigenberger Inselhotel
Auf der Insel 1
78462 Konstanz
Tel. +49 7531 125 – 0
Fax +49 7531 26402
konstanz@steigenberger.de

Steigenberger Mannheimer Hof
Augustaanlage 4-8
68165 Mannheim
Tel. +49 621 4005 – 0
Fax +49 621 4005 – 190
mannheim@steigenberger.de

Steigenberger Hotel Remarque
Natruper-Tor-Wall 1
D-49076 Osnabrück
Tel. +49 541 6096 – 0
Fax +49 541 6096 – 600
osnabrueck@steigenberger.de

Steigenberger Resort Hotel Rügen
Neddesitz
18551 Sagard/Rügen
Tel. +49 38302 95
Fax +49 38302 96 – 620
ruegen@steigenberger.de

Steigenberger Graf Zeppelin
Arnulf-Klett-Platz 7
70173 Stuttgart
Tel. +49 711 2048 – 0
Fax +49 711 2048 – 542
stuttgart@steigenberger.de

Steigenberger Strandhotel Zingst
Seestraße 54
18374 Ostseebad Zingst
Tel. +49 38232 85 – 0
Fax +49 38232 85 – 999
zingst@steigenberger.de

Ausland

Steigenberger Hotel Kaprun
Schloßstraße 751
5710 Kaprun/Zell am See, Austria
Tel. +43 6547 7647 – 0
Fax +43 6547 7647 – 503
kaprun@steigenberger.at

Steigenberger Avance Hotel
Am Goldberg 2
3500 Krems/Wachau, Austria
Tel. +43 2732 71010
Fax +43 2732 71010 – 50
krems@steigenberger.at

Steigenberger Belvédère *****
Promenade 89
7270 Davos-Platz, Schweiz
Tel. +41 81 41560 – 00
Fax +41 81 41560 – 01
davos@steigenberger.ch

Steigenberger Bellerive au Lac
Utoquai 47
8008 Zürich, Schweiz
Tel. +41 1 254 – 4000
Fax +41 1 254 – 4001
bellerive@steigenberger.ch

Steigenberger Kurhaus Hotel
Gevers Deynootplein 30
2586 CK Den Haag-Scheveningen,
Niederlande
Tel. +31 70 4162 – 636
Fax +31 70 4162 – 646
info@kurhaus.nl

Steigenberger Golf Resort
El Gouna/Rotes Meer, Ägypten
Tel. +20 65 5801 – 41
Fax +20 65 5801 – 49
steigelg@link.com.eg

Steigenberger Hotel Therme Meran
Thermenplatz
39012 Meran, Italien
Tel. +39 473 2520 – 00
Fax +39 473 2520 – 22

STEIGENBERGER HOTEL GROUP   STEIGENBERGER HOTELS & RESORTS   InterCityHotel

Die Steigenberger Hotel Group mit Sitz in Frankfurt am Main betreibt rund 80 Hotels der Marken Steigenberger Hotels & Resorts und InterCityHotels in Deutschland, Österreich, der Schweiz, Italien, den Niederlanden und Ägypten.

Impressum

Hinweis

Alle Informationen und Hinweise, die in diesem Buch enthalten sind, wurden von den Autoren nach bestem Wissen erarbeitet und von ihnen und dem Herausgeber mit größtmöglicher Sorgfalt überprüft. Unter Berücksichtigung des Produkthaftungsrechts wird darauf hingewiesen, dass inhaltliche Fehler oder Auslassungen nicht völlig auszuschließen sind. Für etwaige fehlerhafte Angaben können die Autoren und der Herausgeber keinerlei Verpflichtungen und Haftung übernehmen. Korrekturhinweise sind jederzeit willkommen und werden gern berücksichtigt.

Herausgeber

Steigenberger Hotels AG, Lyoner Straße 40, D-60528 Frankfurt am Main
www.steigenberger.de

Autoren

Christine Steigenberger
Mike Meyer-Ditandy

ISBN 3-00-016403-0

1. Auflage 2005

Auflage

20.000 deutschsprachige Ausgaben
5.000 englischsprachige Ausgaben

Druckerei

Druckerei Schanze Ltd. & Co. KG, Kohlenstraße 132, D-34121 Kassel

Layout

Bobbel Jacobs, Neuhofstraße 42, D-60318 Frankfurt am Main

Redaktion/Realisation

Team der Abteilung Unternehmenskommunikation der Steigenberger Hotels AG,
Angelika Heyer, Lyoner Straße 40, D-60528 Frankfurt am Main

Reproduktion

Repro 45, Morgensternstraße 37, D-60596 Frankfurt am Main

Lektorat

Tanja Reindel, Habsburger Allee 38, D-60385 Frankfurt am Main

Fotografie

Godehard Juraschek, Fotografenmeister, Eduard-Berdel-Straße 20, D-56203 Höhr-Grenzhausen